越玩越聪明的脑筋急转弯

于雷 编著

清华大学出版社
北京

内 容 简 介

脑筋急转弯是深受孩子们喜爱的一种智力游戏，是培养创新思维、发散思维、跳跃思维的最好工具，是训练多角度思考能力的头脑体操，是开启大脑潜能的智慧锦囊。

本书精心挑选了 1400 例集益智性、趣味性于一体的脑筋急转弯题，内容难易适当、风趣幽默，又悬念迭出。书中还配有活泼有趣的插图，增强了内容的趣味性。

本书的读者对象为学龄儿童、小学生，以及希望从不同的角度去思考问题、认识世界的青少年。

本书封面贴有清华大学出版社防伪标签，无标签者不得销售。
版权所有，侵权必究。举报：010-62782989，beiqinquan@tup.tsinghua.edu.cn。

图书在版编目(CIP)数据

越玩越聪明的脑筋急转弯/于雷编著. —北京：清华大学出版社，2021.4（2025.1重印）
ISBN 978-7-302-57062-2

Ⅰ. ①越… Ⅱ. ①于… Ⅲ. ①智力游戏—青少年读物 Ⅳ. ①G898.2

中国版本图书馆 CIP 数据核字(2020)第 251148 号

责任编辑：张　瑜
装帧设计：杨玉兰
责任校对：李玉茹
责任印制：宋　林

出版发行：清华大学出版社
网　　址：https://www.tup.com.cn，https://www.wqxuetang.com
地　　址：北京清华大学学研大厦 A 座　　邮　编：100084
社 总 机：010-83470000　　邮　购：010-62786544
投稿与读者服务：010-62776969，c-service@tup.tsinghua.edu.cn
质量反馈：010-62772015，zhiliang@tup.tsinghua.edu.cn

印 装 者：小森印刷霸州有限公司
经　　销：全国新华书店
开　　本：170mm×240mm　　印　张：15.25　　字　数：233 千字
版　　次：2021 年 5 月第 1 版　　印　次：2025 年 1 月第 10 次印刷
定　　价：56.00 元

———————————————————————————————————

产品编号：089073-01

前　　言

　　法国杰出作家司汤达说过："天才往往具有超人的性格，绝不遵循常人的思想和途径。"而脑筋急转弯无疑是培养创新思维、发散思维、跳跃思维最好的工具。

　　青少年的健康成长，不仅仅需要机智、灵活的头脑，更需要创新能力和发散思维。尤其是现代社会竞争越来越激烈，可以毫不避讳地说，按部就班、一成不变的人绝大多数都是平庸之人。能够抛开思维定式，从不同的角度去分析、从多方面去思考问题的人才更有前途。

　　脑筋急转弯作为一种头脑体操运动，是培养孩子多角度思考能力最好的大脑体操，是开启头脑潜能的智慧锦囊。它不仅可以让孩子突破固有的思维模式，打破思维定式，使孩子的思维变得更加灵活，发挥超常潜能；还可以锻炼孩子从不同的角度去思考问题、认识世界，提高孩子的适应能力和应变能力。

　　本书精选了1400例脑筋急转弯题，在这些题目中，有的很简单，只需换个思维角度，便可迎刃而解；有的很难，需要具备较强的逻辑推理能力；有的很直接，找到正确的方向便可一举中的；有的很复杂，需要弄清楚各种条件，各个击破……

　　本书图文并茂，内容语言风趣幽默又悬念迭出，让孩子在紧张的挑战中获得快乐，在快乐的学习中获得智慧。书中所配插图精美，可以唤起孩子强烈的阅读兴趣，更能激发孩子的想象力，为原本就有趣味的题目又增添了一分色彩。

　　赶快让你的孩子随着精彩有趣的游戏，一步步走入智慧的殿堂！现在就打开这本书，开始玩吧！

编　者

目　　录

一、神机妙算 1

1. 容易客满的地方 2
2. 升值 2
3. 说话要付钱 2
4. 看病 2
5. 夸耀自己 2
6. 找钱 2
7. 职业登山运动员 2
8. 交通工具 2
9. 没有水的海(一) 3
10. 没有水的海(二) 3
11. 写阿拉伯数字 3
12. 装灯泡 3
13. 最小的球 3
14. 捉迷藏 3
15. 冷天气 3
16. 水分蒸发 3
17. 不接受 3
18. 中分头发 3
19. 孔雀东南飞 4
20. 家有贤妻 4
21. 前辈与后辈 4
22. 笔不能写字 4
23. 奥特曼 4
24. 桌上一把刀 4
25. 写字用哪个手 4
26. 彩票 4
27. 腾云驾雾的鬼 5
28. 春光外泄 5
29. 无人能替 5
30. 红楼梦 5
31. 三个鬼 5
32. 漏雨的屋子 5
33. 火车行驶路程 5
34. 漂亮长发 6
35. 捡钱包而不上交 6
36. 洗碗小计谋 6
37. 没了油的飞机 6
38. 小心轻放 6
39. 一无所有 6
40. 瞌睡现象 6
41. 北极熊食肉 6
42. 药店买不到的药 6
43. 特别的词 6
44. 贝多芬的启示 6
45. 国内特产 6
46. 打羽毛球 6
47. 开车去动物园 7
48. 不小心溺水 7
49. 不报晓的鸡 7
50. 声音传播 7
51. 总是面北 7
52. 下学期考试 7
53. 三头六臂 7
54. 自行车和火车 8
55. 十头牛 8
56. 渡不过去的河 8
57. 月亮发光 8
58. 使肉新鲜 8
59. 最秘密的事 8
60. 拿破仑的字典 8
61. 考试零分 8
62. 越擦越小的东西 9

63. 托不起沙子	9	99. 喝杯底的啤酒	12
64. 改变自然	9	100. 动物高手	13
65. 破洞的口袋	9	101. 三根头发	13
66. 左右脚的不同	9	102. 暖气	13
67. 谁占面积最小	9	103. 感冒的老虎	13
68. 数字规律	9	104. 面朝方向	13
69. 猫吃鱼	9	105. 做白日梦	13
70. 登陆月球	9	106. 海的主人	13
71. 不罚钱	10	107. 不能骑的马	13
72. 壁虎的儿子	10	108. 考试看书	13
73. 打架的球	10	109. 不能吃的果	13
74. 球的容量	10	110. 哪条蛇长	13
75. 近在眼前	10	111. 黑石子和白石子	13
76. 花钱送人	10	112. 早场电影	14
77. 哪年最短	10	113. 电脑干活	14
78. 不能喝的酒	10	114. 巧喝葡萄酒	14
79. 比天高的东西	10	115. 红豆汤圆	14
80. 五个头	10	116. 劫珠宝	15
81. 最窄的路	10	117. 鸡蛋早餐	15
82. 剪不断的布	10	118. 话最少的月份	15
83. 凳子敲人	11	119. 使棍子变短	15
84. 桥下没水	11	120. 遭窃的房间	15
85. 咬牙切齿	11	121. 没有轮子的车	15
86. 装不满的桶	11	122. 杀人案	15
87. 熬夜的动物	11	123. 画个圆圈	15
88. 学到的知识	11	124. 不能背	15
89. 厕所的秘密	11	125. 三人过马路	15
90. 路人	11	126. 蜈蚣出门	15
91. 周游列国	12	127. 太阳能否出现	16
92. S.H.E.	12	128. 冰变成水	16
93. 因小失大	12	129. 记忆的最佳时间	16
94. 含笑九泉	12	130. 一年级	16
95. 开游艇	12	131. 谁最聪明	16
96. 相同物品	12	132. 火灾	16
97. 熊冬眠	12	133. 出入公共场所	16
98. 相互转化	12	134. 卖假货	16

135. 去学校 16	169. 真真假假 23
136. 最简分数 17	170. 治病 23
137. 哪儿最安全 17	171. 喝药 23
138. 鸡的后面 17	172. 黄河上的桥 23
139. 睡美人 17	173. 撒谎精 23
140. 敲门的回答 17	174. 电视机前看电视 23
	175. 自讨苦吃的地方 23
二、异想天开 19	176. 必须去的地方 23
141. 歧义 20	177. 建男厕 23
142. 死很多次 20	178. 最佳方案 23
143. 摇头和鞠躬 20	179. 最长的皮 23
144. 青蛙游泳比赛 20	180. 以牙还牙 24
145. 身上的水晒不干 20	181. 双胞胎兄弟 24
146. 后羿射日 20	182. 自带食品 24
147. 留长发的人 20	183. 老师打架 24
148. 谁搭公交车不要钱 20	184. 粪坑 24
149. 被枪决的犯人 21	185. 没有被罚 24
150. 偷用牙刷 21	186. 梁山伯与祝英台 24
151. 问路 21	187. 公交上的乘客 25
152. 熄灭生命之火 21	188. 英文对话 25
153. 沙漠旅行的狗(一) 21	189. 不去天堂 25
154. 沙漠旅行的狗(二) 21	190. 下金蛋的母鸡 25
155. 沙漠旅行的狗(三) 21	191. 嘴里的舌头 25
156. 沙漠旅行的狗(四) 21	192. 人从哪儿来 25
157. 体重变化 21	193. 企鹅的肚子 25
158. 一起喝酒 21	194. 傻乎乎的金鱼 25
159. 口吃的人 21	195. 没脚走天下 26
160. 奋笔疾书 21	196. 接机 26
161. 祝贺词 22	197. 一堆水果 26
162. 防身武器 22	198. 越吃越饿 26
163. 废除早自习 22	199. 问问题 26
164. 七窍生烟 22	200. 救生圈 26
165. 射星星 22	201. 全熟的牛排 26
166. 火车车厢 22	202. 武松打虎 26
167. 喝水 22	203. 洗过没人吃 27
168. 警察拦公车 22	204. 不能摸的花 27

205. 摸不到 27	241. 一月一日 31
206. 热气球上的专家 27	242. 不能用手拿的花 31
207. 穿越车中间 27	243. 搭电梯 32
208. 理发师不喜欢的人 27	244. 不一样的月亮 32
209. 打破 27	245. 随时跑的兵 32
210. 不让鸭子飞走 27	246. 地球表面 32
211. 没下过水的船 28	247. 八点钟和九点钟 32
212. 谁是哑巴 28	248. 用脚踩 32
213. 天天盈利 28	249. 蜈蚣什么最多 32
214. 盛水的杯子 28	250. 沉没的油轮 32
215. 秃头的推销员 28	251. 黑笔写红字 32
216. 恐龙灭亡的原因 28	252. 黑笔写白字 32
217. 奇怪的病 28	253. 盲人手杖 32
218. 好与坏 29	254. 一模一样的考卷 33
219. 分苹果 29	255. 搭筷子 33
220. 针掉进海里 29	256. 计算器 33
221. 疑难问题 29	257. 考试注意什么 33
222. 复杂的关系 29	258. 一群羊 33
223. 读书 29	259. 新华字典 33
224. 花时间 29	260. 被老虎追 33
225. 最常讲的话 29	261. 吃完桌上的面 34
226. 诺贝尔文学奖 29	262. 什么车最长 34
227. 不洗澡的狗 30	263. 走楼梯回家 34
228. 音乐天分 30	264. 长辈的称呼 34
229. 饭来张口 30	265. 百元大钞 34
230. 称呼一只狗 30	266. 谁去做饭 34
231. 一堆西瓜 30	267. 拿针刺人的人 34
232. 集装箱大卡车 30	268. 歌唱比赛 34
233. 孩子喜欢的课 30	269. 红、绿豆打架 35
234. 出国旅行 30	270. 熄火方法 35
235. 主持仪式 31	271. 唱歌时的掌声 35
236. 修理闹钟 31	272. 不需要土壤 35
237. 分橘子 31	273. 不怕冷 35
238. 买鞋 31	274. 三更半夜 35
239. 只能一个人做的事 31	275. 掉进游泳池 35
240. 买不到的书 31	276. 书的价钱 35

277. 失火的房子 35	311. 真金不怕火炼 41
278. 绝食 36	312. 数学更好学 41
279. 淹没软梯 36	313. 茁壮成长 41
280. 飞机旅程 36	314. 厕所遇知己 41
	315. 对方不疼 42
三、灵机一动 37	316. 免费的住所 42
	317. 洗好不能吃 42
281. 生蛋 38	318. 棒球赛 42
282. 脏乱的家 38	319. 迟到的理由 42
283. 有山有河 38	320. 电梯 42
284. 升起 38	321. 塞牙 42
285. 最热 38	322. 蓝色外衣 42
286. 航线 38	323. 跑得最快 42
287. 越高越小 38	324. 谁的手不能摸 42
288. 越来越多 38	325. 蛇的生命力 42
289. 最干净的轮子 38	326. 一下子变老 42
290. 进来容易出去难 39	327. 射击帽子 43
291. 一起做 39	328. 贴膏药 43
292. 比大小 39	329. 爬山 43
293. 假设1=5 39	330. 洗衣服 43
294. 中间几个人 39	331. 什么油不能点燃 43
295. 变丑 39	332. 看书 43
296. 捡肉不捡钱 39	333. 一顿吃九头牛 43
297. 女人的衣服 39	334. 十根蜡烛 44
298. 藏橘子 40	335. 咬文嚼字 44
299. 牛的尾巴 40	336. 大钟响13下 44
300. 站没坐高 40	337. 太阳西升 44
301. 赴汤蹈火 40	338. 老师的花束 44
302. 翻包 40	339. 孵不出小鸡的鸡蛋 44
303. 饥饿的狼 40	340. 渔夫最怕什么 44
304. 鼻子长 40	341. 飞得最高的动物 44
305. 生日礼物 40	342. 最怕屁股上有什么 44
306. 胆大心细 40	343. 日月潭 45
307. 马路中间的人 41	344. 到别人家做客 45
308. 偷车贼 41	345. 报纸消息 45
309. 直立行走 41	346. 让人扫兴的吃饭 45
310. 酒鬼喝酒 41	

347. 兔子的红眼睛 …… 45	383. 生病打针 …… 49
348. 猩猩取香蕉 …… 45	384. 老太太上公交车 …… 49
349. 必买的书 …… 45	385. 上学迟到 …… 49
350. 娶媳妇不花钱 …… 45	386. 南京路 …… 49
351. 最大的番薯 …… 45	387. 他是谁 …… 49
352. 吃饭不花钱 …… 45	388. 抓不着的线 …… 50
353. 下水道 …… 46	389. 鱼缸里的鱼 …… 50
354. 借物 …… 46	390. 什么花看不清楚 …… 50
355. 金箍棒画圈 …… 46	391. 盲人过马路 …… 50
356. 美容工作 …… 46	392. 孔子诞辰 …… 50
357. 一双翅膀 …… 46	393. 上课铃声 …… 50
358. 天天打扫 …… 46	394. 石头剪刀布 …… 50
359. 悲剧和喜剧 …… 46	395. 受罚 …… 51
360. 闭眼睛看东西 …… 46	396. 切一半的苹果 …… 51
361. 成语适用场合 …… 47	397. 站在刀尖上 …… 51
362. 小猫哪儿去了 …… 47	398. 不能拍 …… 51
363. 越大越没用 …… 47	399. 不能洗澡的池 …… 51
364. 喝醉的萝卜 …… 47	400. 不含水的冰 …… 51
365. 最安全的船 …… 47	401. 见者有份 …… 51
366. 喜欢被骗的人 …… 47	402. 离你最近的球 …… 51
367. 试卷的答案 …… 47	403. 不能医治的伤 …… 51
368. 变偶数 …… 47	404. 扛不起 …… 52
369. 冻不死的鹅 …… 47	405. 一心两用 …… 52
370. 朝南朝北 …… 48	406. 游河 …… 52
371. 哪一颗牙 …… 48	407. 吃饭前要做的事 …… 52
372. 不吐骨头 …… 48	408. 画展厅 …… 52
373. 走着周游列国 …… 48	409. 足球赛比分 …… 52
374. 出门上班 …… 48	410. 认真做的事 …… 52
375. 老鼠洞里的老鼠 …… 48	411. 密闭的房间 …… 52
376. 鸭子的颜色 …… 48	412. 落水的人 …… 53
377. 天才夫妻 …… 48	413. 组数 …… 53
378. 不能穿过的门 …… 48	414. 寸步难行的车子 …… 53
379. 足球运动员 …… 49	415. 不敢洗澡 …… 53
380. 追爸爸 …… 49	416. 切西瓜 …… 53
381. 生日 …… 49	417. 长得像 …… 53
382. 唐老鸭和小叮当 …… 49	418. 火灾现场 …… 53

419. 热气球 54	453. 靠嘴巴吃饭(二) 61
420. 出生就称王 54	454. 源头 61
421. 一天慢24小时 54	455. 最高的动物 61
422. 船上的洞 54	456. 十个太阳 61
423. 最先看到什么 54	457. 网子装水 61
424. 不买票的人 54	458. 看不见 61
425. 最浪费时间的东西 54	459. 冰山一角 61
426. 考试猜题 54	460. 两只脚的老鼠 61
427. 找不到裂纹 55	461. 笑和哭 61
428. 狮子笼 55	462. 只能用一只手 61
429. 不同的衣服 55	463. 补考的作用 61
430. 跳墙 55	464. 手抓饭 61
431. 不能吃的果 55	465. 抓不到 62
432. 白马王子 55	466. 中看不中吃 62
433. 最好的回答 55	467. 黑鸡和白鸡 62
434. 哪个更痛 55	468. 羊蹄猪圈 62
435. 家养的狗 55	469. 又小又大的东西 62
436. 抓住的风 56	470. 万物之王 62
437. 抽烟 56	471. 飞北极 63
438. 1+2 56	472. 什么容易满足 63
439. 比乌鸦更讨厌 56	473. 不吃人的老虎 63
440. Nokia 和 iPhone 56	474. 猪的用处 63
441. 爱出来 56	475. 邮箱钥匙 63
442. 电线杆上的猴子 56	476. 探病的人 63
443. 喝羊奶 56	477. 重庆的路 63
444. 爬楼到顶层 57	478. 剧毒的药 63
445. 半夜狗声 57	479. 电和闪电 63
四、巧问妙答 59	480. 头疼 64
	481. 10只鸟 64
446. 爱打听 60	482. 流你的血 64
447. 罗马等式 60	483. 不能吃的东西 64
448. 查字典 60	484. 最听话的数字 64
449. 失火 60	485. 贴在墙壁上 64
450. 鱼不说话 60	486. 卧冰求鲤 64
451. 只有地知我知 60	487. 蚕宝宝 64
452. 靠嘴巴吃饭(一) 60	488. 最轻的山 64

489. 蜜蜂停在日历上 64	525. 红豆的孩子 69
490. 像铝箔 64	526. 最白痴的鱼 69
491. 无电话 64	527. 最聪明的鱼 69
492. 少了一本书 64	528. 洗手的盆 69
493. 狗过桥 65	529. 神的交通工具 69
494. 猜成语 65	530. 哪一个轮胎不转 69
495. 沉思者 65	531. 呵斥小偷 70
496. 拿筷子吃饭 65	532. 水果的温度 70
497. 羊不呼吸 65	533. 长途汽车 70
498. 弃文就武 65	534. 星星有多重 70
499. 两包面 65	535. 鹿和鸡 70
500. 阎王爷写日记 65	536. 数字 70
501. 哞哞叫的牛 65	537. 食人族的酋长 70
502. 最细的针 66	538. 酋长病了 70
503. 躺着和站着 66	539. 任人摆布的大帅 70
504. 神奇肥皂 66	540. 牙不在嘴里 70
505. 茅厕里挂闹钟 66	541. 一举两得 70
506. 3 颗药丸 66	542. 巧猜数字 70
507. 刀和枪 66	543. 吃西瓜不吐籽 70
508. 羊和老鹰 66	544. 地板上的鸡蛋 71
509. 脏帽子 66	545. 象棋与围棋 71
510. 背负十字架 66	546. 船沉入海 71
511. 上天和入地 67	547. 不能坐的车 71
512. 游戏淘汰赛 67	548. 拖泥带水 71
513. 天的孩子 67	549. 侨居夫妇 71
514. 被 43 除尽的整数 67	550. 信里的照片 71
515. 在丛林间穿梭 67	551. 章鱼的手脚 71
516. 谁叫谁起床 68	552. 剪绳子 72
517. 诸葛亮活着 68	553. 比赛中场 72
518. 食物打架(一) 68	554. 四字成语 72
519. 食物打架(二) 68	555. 最糟糕的童话 72
520. 食物打架(三) 68	556. 最赚钱 72
521. 食物打架(四) 68	557. 动物园失火 72
522. 小白的哥哥 69	558. 百米高空 72
523. 冰海中的狼 69	559. 同时升降 72
524. 名叫丹丹 69	560. 法国人的笑声 73

561. 最黑暗的人物 73
562. 放大镜 73
563. 蚂蚁旅行 73
564. 放砂糖的罐子 73
565. 一山可容二虎 73
566. 猜拳 73
567. 不打不相识 73
568. 土豆和包子决斗 73
569. 猜水果 74
570. 红豆前的猪 74
571. 蔬菜决斗 74

五、目瞪口呆 75

572. 会说话的蛋 76
573. 什么关系 76
574. 打架 76
575. 跳水运动员 76
576. 当的什么官 76
577. 不判刑 76
578. 死亡率最高的地方 76
579. 看病 77
580. 天天打架 77
581. 两倍 77
582. 老鼠 77
583. 兵法 77
584. 相距10米 77
585. 地心引力 77
586. 吐舌头 78
587. 买卖茶叶蛋 78
588. 驾驶汽车 78
589. 数字大小 78
590. 捡米 78
591. 苍蝇和蜜蜂 78
592. 喜欢 78
593. 嫌衣服多 78
594. 暴揍 78

595. 他是谁 78
596. 起义 78
597. 要火柴 79
598. 蒙面猜人(一) 79
599. 蒙面猜人(二) 79
600. 小肚腩 79
601. 共同点 79
602. 狼吃小羊 79
603. 级别 80
604. 猛喝水 80
605. 打虎看什么 80
606. 被蚊子咬的包 80
607. 煮蛋 80
608. 糖与醋 80
609. 买不到的纸 80
610. 不怕被解雇 80
611. 小明的工作 80
612. 小狗变大 81
613. 中国人 81
614. 花多少钱 81
615. 两个硬币 81
616. 龟兔赛跑 81
617. 姐妹的生日 81
618. 去超市 81
619. 一块钱买牛 81
620. 安全的地方 82
621. 丢钱 82
622. 鸡蛋壳 82
623. 下雨出门 82
624. 增加一点 82
625. 10个阿拉伯数字 82
626. 打成重伤 82
627. 肿的脸颊 83
628. 金星闪烁 83
629. 桌前读书 83
630. 不会游泳的人 83

| 631. 战场上的子弹 ... 83
| 632. 去网吧 ... 83
| 633. 不能玩的球 ... 83
| 634. 无祖先和后代的动物 ... 83
| 635. 让人疼痛的光 ... 83
| 636. 乘车 ... 83
| 637. 钻钱眼 ... 83
| 638. 冰凉的心 ... 83
| 639. 马吃车 ... 83
| 640. 鸡的妈妈 ... 84
| 641. 凤梨罐头 ... 84
| 642. 新音响没声 ... 84
| 643. 最大号的帽子 ... 84
| 644. 后天指什么 ... 84
| 645. 扔石头砸玻璃 ... 84
| 646. 三条虫子 ... 84
| 647. 吝啬鬼 ... 85
| 648. 像猫又像虎 ... 85
| 649. 康熙字典 ... 85
| 650. 最好闭眼的时间 ... 85
| 651. 衣服衣扣 ... 85
| 652. 穷人和富人的区别 ... 85
| 653. 最不听话的人 ... 85
| 654. 花力气 ... 85
| 655. 浴室洗澡 ... 85
| 656. 时间停止 ... 85
| 657. 客车事故 ... 85
| 658. 最值钱的东西 ... 85
| 659. 吞钥匙 ... 85
| 660. 车祸现场 ... 86
| 661. 鸡生蛋 ... 86
| 662. 猪当裁判 ... 86
| 663. 填字 ... 86
| 664. 打不烂的碗 ... 86
| 665. 下雨天 ... 86
| 666. 没人伸手拦车 ... 86
| 667. 买一送一 ... 87
| 668. 同班 ... 87
| 669. 刻字先生 ... 87
| 670. 暑假比寒假长 ... 87
| 671. 胃病 ... 87
| 672. 当正经理 ... 87
| 673. 看月亮 ... 87
| 674. 朝东走 ... 88
| 675. 最贵的酒 ... 88
| 676. 闪电雷声 ... 88
| 677. 熊宝和熊妈 ... 88
| 678. 冰冻不化 ... 88
| 679. 驾校考试 ... 88
| 680. 自由自在 ... 88
| 681. 水皱眉 ... 88
| 682. 很快消失的花 ... 88
| 683. 过桥 ... 88
| 684. 只印一份的报 ... 89
| 685. 满屋走的东西 ... 89
| 686. 收服人类 ... 89
| 687. 出生入死 ... 89
| 688. 不怕用完的东西 ... 89
| 689. 来不了 ... 89
| 690. 有风不动无风动 ... 89
| 691. 从头做起 ... 89
| 692. 袋鼠与猴子 ... 89
| 693. 不眨眼睛 ... 90
| 694. 终点的绳子 ... 90
| 695. 垂危的病人 ... 90
| 696. 屎壳郎 ... 90
| 697. 白头发 ... 90
| 698. 自称 ... 90
| 699. 拉屎 ... 90
| 700. 跳楼 ... 90
| 701. 一加一 ... 90
| 702. 倒霉 ... 90

703. 难过	90
704. 成为富翁	91
705. 最怕什么	91
706. 奇怪的事物	91
707. 容易戳穿的牛皮	91
708. 倒胃口的事	91
709. 爬高山与吞药片	91
710. 眉毛长眼下面	91
711. 让麻雀安静下来	91
712. 倒霉的老鼠	91
713. 秃头的好处	91
714. 玩游戏	91
715. 最有同情心的人	91
716. 老师提问	92
717. 天文知识	92
718. 谁腿长	92
719. 称象的方法	92
720. 大窟窿	92
721. 银河系里的星星	92
722. 牛吃草	92
723. 通缉犯	93
724. 防止被狗咬	93
725. 猫变小	93
726. 坐吃山空	93
727. 比 0 大比 1 小	93
728. 举地球	93
729. 露天演唱会	93
730. 越削越大的东西	93
731. 袜子上的洞	93

六、咬文嚼字 95

732. 无药可救	96
733. 恐怖的手	96
734. 作假	96
735. 跨过去	96
736. 仿冒	96

737. 上面	96
738. 破了才开心	96
739. 没有落地	96
740. 下车的人数	96
741. 读书	96
742. 钻头	96
743. 袋子里的苹果	97
744. 几个字	97
745. 露一手	97
746. 上厕所	97
747. 真药和假药	97
748. 孔子	97
749. 被人放鸽子	97
750. 踏上新大陆	97
751. 黑板上的"9"	97
752. 一起打坐	98
753. 10 只小鸟	98
754. 逃走的犯人	98
755. 男人女人	98
756. 可大可小	98
757. 谁没出息	98
758. 先有国先有家	98
759. 没有方向感	98
760. 电话用户	98
761. 想去哪	99
762. 淋死人的雨	99
763. 不用电	99
764. 回家时间	99
765. 学得好的科目	99
766. 不是盖的	99
767. 头上拉屎	99
768. 最老实的植物	100
769. 永远是湿的	100
770. 目标实现	100
771. 被杀的狗	100
772. 不会无聊	100

773. 不可救药 …………………… 100	809. 一根火柴棒 …………………… 104
774. 缄口不语 …………………… 100	810. 了解鸟类 …………………… 104
775. 变成鬼 …………………… 100	811. 出生季节 …………………… 104
776. 孤枕难眠 …………………… 100	812. 一颗心 …………………… 104
777. 闹鬼 …………………… 100	813. 铅笔姓什么 …………………… 104
778. 钢铁侠 …………………… 100	814. 男人秃头 …………………… 104
779. 姐妹两人 …………………… 101	815. 吃鸡蛋 …………………… 104
780. 脚上的痣 …………………… 101	816. 青蛙跳得比树高 …………… 104
781. 电影名 …………………… 101	817. 上课的学生 …………………… 104
782. 谁的车 …………………… 101	818. 咖啡杯子 …………………… 104
783. 人不怕鬼 …………………… 101	819. 小花的高度 …………………… 104
784. 物理理论 …………………… 101	820. 下午比早晨先到 …………… 104
785. 写不好的字 …………………… 101	821. 公厕 …………………… 105
786. 太阳和月亮 …………………… 101	822. 借东西 …………………… 105
787. 区分东南西北 …………… 101	823. 太阳哪去了 …………………… 105
788. 补水 …………………… 102	824. 公鸡和母鸡 …………………… 105
789. 走后门 …………………… 102	825. 猜成语 …………………… 105
790. 缩一只脚睡觉 …………… 102	826. 第十一本书 …………………… 105
791. 吞吞吐吐 …………………… 102	827. 实际年龄 …………………… 105
792. 推车和挑担 …………………… 102	828. 关不上的门 …………………… 105
793. 哪种昆虫不贪钱 …………… 102	829. 不能缝衣服的线 …………… 106
794. 最可怕的钉子 …………… 102	830. 最早的姓氏 …………………… 106
795. 交通最发达的城市 …………… 102	831. 吃得多 …………………… 106
796. 正中间 …………………… 103	832. 唱歌不得奖 …………………… 106
797. 三个英文字母 …………… 103	833. 双手做事情 …………………… 106
798. 书中的毛病 …………………… 103	834. 看不到花开 …………………… 106
799. 哪个连人最多 …………… 103	835. 凶狠的强盗 …………………… 106
800. 拖东西 …………………… 103	836. 偷天换日 …………………… 106
801. 不偷东西的贼 …………… 103	837. 羊过独木桥 …………………… 106
802. 人最多的寨子 …………… 103	838. 启动车子 …………………… 107
803. 最危险的票 …………………… 103	839. 棉花和铁 …………………… 107
804. 不能睡的床 …………………… 103	840. 鱼的新家 …………………… 107
805. 不伤人的枪 …………………… 103	841. 卡通人物 …………………… 107
806. 没电也能看电视 …………… 103	842. 斤斤计较 …………………… 107
807. 背书 …………………… 103	843. 布跟纸怕什么 …………… 107
808. 白猫和黑猫 …………………… 103	844. 三分熟的牛排 …………… 107

845. 拳手	107	
846. 交叉道	107	
847. 四通八达的路	108	
848. 卖价高	108	
849. 小白加小白	108	
850. 买鞋	108	
851. 用手停车	108	
852. 哪儿的东西不便宜	108	
853. 和风打架	108	
854. 不时尚	108	
855. 天然气停了	108	
856. 猫哭了	108	
857. 卖与不卖	108	
858. 无声无息	109	
859. 卖报纸	109	
860. 演奏音乐	109	
861. 很淡	109	
862. 容易发生	109	
863. 家电跑步	109	
864. 体育强势	109	
865. 面试成功	109	
866. 喝汽水	110	
867. 令人扫兴	110	
868. 十分漂亮	110	
869. 两名歹徒	110	
870. 让人吓一跳的书	110	
871. 没带钱	110	
872. 长寿之道	110	
873. 哪种皮较差	110	
874. 先穿鞋再穿袜	111	
875. 学生证掉了	111	
876. 拿护照	111	
877. 码放商品	111	
878. 打不开瓶盖	111	
879. 7个嘴巴	111	
880. 下跳棋	111	

881. 加减乘除少一点	111	
882. 夜夜看落花	111	
883. 有脚却不走	112	
884. 不能见光的东西	112	
885. 画绳子	112	
886. 各种奖项	112	
887. 没有翅膀的鸡	112	
888. 动物园里有啥	112	
889. 最坚固的锁	112	
890. 让人害怕的井	112	
891. 各式花	112	
892. 靠运气赚钱	112	
893. 运气的营生	112	
894. 煮东西	112	
895. 加热凝固	112	
896. 金牌得主	113	
897. 只加不减	113	
898. 不怕东西大	113	
899. 死亡原因	113	
900. 透过一堵墙	113	
901. 四人打麻将	113	
902. 猜一句英文	113	
903. 世界大战	113	
904. 送走小猪	113	
905. 谁赢了	114	
906. 再次比赛	114	
907. 乌龟赛过兔子	114	
908. 意见统一的时刻	114	
909. 高效捕蚊灯	114	
910. 钻进羊圈	114	
911. 最小的岛	115	
912. 贪玩的孩子	115	
913. 找幸福	115	
914. 头疼	115	
915. 乘电梯	115	
916. 电灯开关	115	

- 917. 不用手拿 115
- 918. 米的妈妈 115
- 919. 米的爸爸 116
- 920. 米的外公 116
- 921. 不能吃的东西 116
- 922. 小偷的特征 116
- 923. 左耳朵 116
- 924. 乘车秋游 116
- 925. 免费旅游 116
- 926. 煮不熟的菜 116

七、岂有此理 117

- 927. 没有摔碎 118
- 928. 考试 118
- 929. 有多长 118
- 930. 都说干净 118
- 931. 体重 118
- 932. 买牛 118
- 933. 铅笔头 118
- 934. 法宝 118
- 935. 不激动 118
- 936. 猫吃老鼠 119
- 937. 一杆猎枪 119
- 938. 神秘消失的司机 119
- 939. 鲜蛋 119
- 940. 公鸡唱歌 119
- 941. 被烧死 119
- 942. 闯红灯 119
- 943. 强人 119
- 944. 诛九族 119
- 945. 目中无人 120
- 946. 心跳的感觉 120
- 947. 和老虎合影 120
- 948. 不惧水火 120
- 949. 克星 120
- 950. 两车相撞 120
- 951. 不需要又不能没有它 .. 120
- 952. 睁一只眼闭一只眼 ... 120
- 953. 靠脑袋生活 121
- 954. 添油加醋 121
- 955. 永不会臭的鱼 121
- 956. 法国旅游 121
- 957. 罚站 121
- 958. 最长的英语单词 121
- 959. 伟人的共通点 121
- 960. 不休息的蝙蝠 121
- 961. 保洁阿姨 121
- 962. 武松犯罪 121
- 963. 见得最多的是什么 ... 122
- 964. 谁有很多胆 122
- 965. 他要去哪儿 122
- 966. 开得太快 122
- 967. 周三和周四 122
- 968. 洗澡用品 122
- 969. 下雨天的地 122
- 970. 数学程度 122
- 971. 丢了的毛驴 122
- 972. 加减法 122
- 973. 站着和躺着 122
- 974. 平衡跷跷板 122
- 975. 借书 123
- 976. 大熊猫的遗憾 123
- 977. 彩色照片 123
- 978. 移动山和海 123
- 979. 买与卖 123
- 980. 蚂蚁的牙 123
- 981. 流浪狗 123
- 982. 暗处看不见 124
- 983. 摔跤的狐狸 124
- 984. 每天坐飞机 124
- 985. 任人宰割 124
- 986. 出声破坏 124

987. 常用的硬币 124
988. 公鸡下的蛋 124
989. 10+4=2 124
990. 一直朝北走 124
991. 天下雨 125
992. 鱼缸换水 125
993. 人工心脏 125
994. 抬高或垂下 125
995. 往后跑 125
996. 牢里的犯人 125
997. 警察的弟弟 125
998. 漂泊的海员 125
999. 用的人不知道 126
1000. 大地震 126
1001. 幼儿园放学 126
1002. 只转不走的轮子 126
1003. 四兄弟的年龄 126
1004. 街上往来的人 126
1005. 长颈鹿 126
1006. 列车顶 126
1007. 做作业 126
1008. 不能打的伞 126
1009. 像大象却不重 126
1010. 英文字母 126
1011. 百米赛跑 127
1012. 不患近视 127
1013. 不爱清洁的女孩 127
1014. 走进花园 127
1015. 抓100只鸟 127
1016. 控制别人的本领 127
1017. 高考备忘 127
1018. 10米跳跃 127
1019. 圆 127
1020. 失事的飞机 128
1021. 这样也有奖金 128
1022. 睁眼，闭眼 128

1023. 打靶 128
1024. 回家穿衣 128
1025. 奇怪的价格 128
1026. 日掷千金 128
1027. 增长智力的办法 128
1028. 醉酒犯傻 128
1029. 狼来了 129
1030. 与老外对话 129
1031. 考试作弊 129
1032. 猪肉和狗肉 129
1033. 不能吃的鸭蛋 129
1034. 考试及格 129
1035. 人数最少 129
1036. 喝奶 129
1037. 长胡须 130
1038. 走遍全世界 130
1039. 一份命令 130
1040. 母鸡下蛋 130
1041. 小偷最怕的机关 130
1042. 书香 130
1043. 防止第二次感冒 130
1044. 不会叫的狗 130
1045. 最小的大象 130
1046. 仪容检查 130
1047. 载人的独木舟 130
1048. 什么不怕晒和淋湿 131
1049. 动物园的管理员 131
1050. 混合化学物质 131
1051. 果树结果 131
1052. 买玩具 132
1053. 共撑一把伞 132
1054. 治晕车的办法 132
1055. 前功尽弃 132
1056. 最拿手的菜 132
1057. 离不开绳子 132
1058. 冰箱里的罐头 132

1059. 肚子里的金币 133
1060. 跑得最快的老鼠 133
1061. 老鹰的绝症 133
1062. 不可或缺的东西 133
1063. 薄薄一片的东西 133
1064. 赖床 133
1065. 龟兔赛跑 133
1066. 什么最值钱 133
1067. 考试分数 134
1068. 防踢假球 134
1069. 一个盒子几个边 134
1070. 一加一不等于二 134
1071. 老虎的弟弟 134
1072. 科学家出生在哪儿 134
1073. 照的是谁 134
1074. 马和骡子 134
1075. 看不见 134
1076. 恐龙世界 134
1077. 找规律 134
1078. 沙滩上走路 135
1079. 看不到 135
1080. 什么东西里面有手 135
1081. 床底下的盗贼 135
1082. 满屋的镜片 135
1083. 一个舌头 135
1084. 离奇车祸 135
1085. 皮肤黑 136

八、诡计多端 137

1086. 不记仇 138
1087. 打架 138
1088. 看不见 138
1089. 选择死法 138
1090. 皮夹里的钱 138
1091. 寄信 138
1092. 迷人 138

1093. 动物熬夜 138
1094. 臭虫 139
1095. 高速奔驰的汽车 139
1096. 不脱帽 139
1097. 写告示 139
1098. 猫和猪的区别 139
1099. 下围棋 139
1100. 边听边猜 139
1101. 老虎打架 139
1102. 神奇的地方 139
1103. 耕种的农民 139
1104. 假如我是董事长 139
1105. 不翼而飞 140
1106. 易上难下 140
1107. 左右裤袋 140
1108. 长春到西安 140
1109. 半夜走墓地 140
1110. 跳伞 140
1111. 一个变两个 140
1112. 崇拜的人 140
1113. 倒水 141
1114. 杀鸡用牛刀 141
1115. 服装模特 141
1116. 神算子费用 141
1117. 比眼睛大的东西 141
1118. 盘子里的鸡蛋 141
1119. 无燃料机器 141
1120. 一只很会叫的狗 141
1121. 聪明人多个什么 142
1122. 奇怪的问题 142
1123. 脚踩鸡蛋 142
1124. 写外文 142
1125. 去国外 142
1126. 不能吃的饼 142
1127. 身体颜色 142
1128. 不怕撞人的汽车 142

1129. 打破东西	142	1165. 时有时无	146
1130. 内容相同的书	142	1166. 儿子偷东西	146
1131. 狗和龙的儿子	143	1167. 臀部上的牙印	146
1132. 均分	143	1168. 三只壁虎	147
1133. 哪儿不怕痒	143	1169. 迪斯科舞厅的小鸟	147
1134. 世界拳击冠军	143	1170. 脚不沾地	147
1135. 生米煮成熟饭	143	1171. 鸽子下蛋	147
1136. 装满屋子	143	1172. 漏的筐	147
1137. 没有亮度的光	143	1173. 三个器具	147
1138. 没痛苦	143	1174. 伪装术	147
1139. 解开所有的谜	143	1175. 日行八万里	148
1140. 刮脸	144	1176. 母鸡的腿短	148
1141. 棉花和铁块	144	1177. 百万米山峰	148
1142. 出生率	144	1178. 吹电扇	148
1143. 超人和蝙蝠侠	144	1179. 人体秤	148
1144. 自由女神像	144	1180. 螃蟹赛跑	148
1145. 四条腿	144	1181. 饿猫不吃胖老鼠	148
1146. 学校各处	144	1182. 长胡子的山羊	148
1147. 高考发榜	144	1183. 青春痘	148
1148. 掉进土坑	145	1184. 清洁工	149
1149. 百万富翁	145	1185. 冲出猪圈	149
1150. 坐板凳	145	1186. 被泼的墨水	149
1151. 神奇的牛	145	1187. 什么游戏	149
1152. 七上八下	145	1188. 常用的杯子	149
1153. 不怕雨淋	145	1189. 违章驾车	149
1154. 寻人启事	145	1190. 撒泡猴尿	149
1155. 彩色动物	145	1191. 治疗掉发的办法	149
1156. 身不由己	145	1192. 聪明绝顶	150
1157. 没人听的话	145	1193. 汽车速度	150
1158. 交通规则	145	1194. 上上下下	150
1159. 不怕碎	146	1195. 一篮子骨头	150
1160. 最难叫醒的人	146	1196. 小圆孔	150
1161. 丢东西	146	1197. 动笔	150
1162. 最省油的车	146	1198. 出城作战	150
1163. 这是什么	146	1199. 办公室漏水	150
1164. 早餐不吃什么	146	1200. 左手右手	150

1201. 跑遍全屋 150
1202. 不给病人看病 150
1203. 醒来第一件事 151
1204. 比细菌小 151
1205. 求菩萨保佑 151
1206. 企鹅 151
1207. 餐前汤 151
1208. 跷跷板 151
1209. 变成冷天 151
1210. 年纪不大 151
1211. 船主年龄 151
1212. 奇怪的比赛 152
1213. 路上风景 152
1214. 缓兵之计 152
1215. 多少只羊 152
1216. 百兽争霸 152
1217. 掏耳朵 152
1218. 大力士举重 152
1219. 123 153
1220. 胖女人像什么书 153
1221. 几个字母 153
1222. 用什么拖地 153
1223. 不挂蚊帐 153
1224. 自己花钱 153
1225. 四名学生 153
1226. 后脑受伤怎么睡觉 153
1227. 登上月球的姑娘 153
1228. 人的寿命 154
1229. 只剩一块钱 154
1230. 生气的理由 154
1231. 老三叫什么 154
1232. 大雨中奔跑 154
1233. 空降兵跳伞 154
1234. 桥上的石碑 154
1235. 自行车比赛 154
1236. 锅里的热水 155
1237. 45°角 155
1238. 考试最怕什么 155
1239. 扑克牌的花色 155

九、将计就计 157

1240. 不敢偷 158
1241. 同样的重量 158
1242. 丢了电影票 158
1243. 假的东西 158
1244. 减肥进行时 158
1245. 熊掌和鱼 158
1246. 吸血鬼 158
1247. 睡美人最怕什么 158
1248. 蝎子和螃蟹猜拳 158
1249. 好马不吃回头草 159
1250. 一瓶可乐 159
1251. 大象进冰箱 159
1252. 长颈鹿进冰箱 159
1253. 动物大会 159
1254. 鳄鱼池 159
1255. 身外之物 159
1256. 变法儿说话 159
1257. 一片芳草地 160
1258. 又有一片芳草地 160
1259. 一大群羊 160
1260. 一只狼 160
1261. 一个猎人 160
1262. 不喊爸爸 160
1263. 蚂蚁与大象 160
1264. 万年龟 160
1265. 手机 160
1266. 最大的谎言 161
1267. 百益无害 161
1268. 卡比星球 161
1269. 知错不能改 161
1270. 有趣的上尉 161

1271. 关羽和张飞 161	1307. 没力的花 165
1272. 心脏更换手术 161	1308. 同一天 166
1273. 从飞机上掉下 161	1309. 用不完的水 166
1274. 造句 161	1310. 什么最长 166
1275. 不可能变可能 162	1311. 从20层楼阳台掉下 166
1276. 掉进大海的手表 162	1312. 糖罐子里的蚂蚁 166
1277. 倒立 162	1313. 将军和元帅 166
1278. 撞上电线杆 162	1314. 没见过面的爷爷 166
1279. 老大和老幺 162	1315. 债权和债务 166
1280. 胖瘦自如 162	1316. 癞蛤蟆吃天鹅肉 166
1281. 摔破的碗 162	1317. 当公公 167
1282. 蚂蚁钻空调 162	1318. 考场 167
1283. 月份 162	1319. 什么最大 167
1284. 胖人怕热 163	1320. 什么山最大 167
1285. 开学愿望 163	1321. 什么海最大 167
1286. 既省力又舒服的事 163	1322. 肚子最大的人 167
1287. 没有价格的东西 163	1323. 外放的金子 167
1288. 大雁往南飞 163	1324. 病人与医生 167
1289. 不会转的电风扇 163	1325. 过"十一" 168
1290. 人体器官 163	1326. 狼与羊(一) 168
1291. 旧东西 163	1327. 狼与羊(二) 168
1292. 三千尺高处掉落 164	1328. 狼与羊(三) 168
1293. 乔丹篮球鞋 164	1329. 不吃人的虎 168
1294. 时常改变主意的职业 164	1330. 一只熊 168
1295. 新版人民币 164	1331. 混血婴儿 168
1296. 打西边升起 164	1332. 越生气越大 168
1297. 修好的灯不亮 164	1333. 锤不破 168
1298. 没有春夏秋冬 164	1334. 蚂蚁去沙漠 168
1299. 结婚照 164	1335. 旅行回家 168
1300. 不会走的时钟 165	1336. 外出旅游 168
1301. 关不住嘴 165	1337. 豆腐打伤人 169
1302. 游泳池中的人 165	1338. 怀疑一切 169
1303. 看不到影子 165	1339. 水泥地上骑车 169
1304. 言而无信 165	1340. 逃掉的小偷 169
1305. 一只手套 165	1341. 谁家不被偷 169
1306. 有钱的奴隶 165	1342. 发掘优点 169

1343. 阿发仔 169
1344. 哪类食物贵 170
1345. 天气变化 170
1346. 安哥拉兔毛 170
1347. 自己用得少 170
1348. 什么关系 170
1349. 吃牛排 170
1350. 不能戴的帽子 170
1351. 走散的母女 170
1352. 见棺材不掉泪 171
1353. 自知之明 171
1354. 凶猛的狼犬 171
1355. 小姨的妈妈 171
1356. 一动不动 171
1357. 分手 171
1358. 流浪汉 171
1359. 时间不多 171
1360. 解释 171
1361. 蚕吃桑 172
1362. 人字拖的悲剧 172
1363. 娶老婆 172
1364. 周瑜的妈妈 172
1365. 诸葛亮的妈妈 172
1366. 保持身材 172
1367. 茄子的另称 172
1368. 亚当和夏娃 172
1369. 贴近人类的生物 173
1370. 最大的影子 173
1371. 猜字 173
1372. 这个字读什么 173
1373. 越多越穷 173
1374. 特别的猫食 173
1375. 烤肉最怕什么 173
1376. 被狼叼走的母羊 173
1377. 掉落的招牌 174
1378. 谁都不想要的 174
1379. 日行千里 174
1380. 拳打镇关西 174
1381. 冬天退兵 174
1382. 成了什么模样 174
1383. 一群孩子 174
1384. 阎王爷上刑场 174
1385. 贾府的丫鬟 175
1386. 忏悔资格 175
1387. 埋葬 175
1388. 谁养大蝙蝠侠 175
1389. 买剪子 175
1390. 并排一起 175
1391. 住楼房 175
1392. 漂亮的羽毛 175
1393. 酒过三巡 175
1394. 切成两半 175
1395. 多年夫妻 175
1396. 吃泡面 176
1397. 她是谁 176
1398. 天黑 176
1399. 一堆西瓜 176
1400. 外星人 176

答案 177

参考文献 220

一

神机妙算

1. 容易客满的地方
什么地方只要进去一个人就客满?

2. 升值
一个人买了一辆车,用了4年后,却以更高的价格卖了出去,这是为什么呢?

3. 说话要付钱
什么时候开口说话要付钱?

4. 看病
小明带着阿兵去看病,可奇怪的是,明明是阿兵生病了,医生却一句也没有问阿兵,而是只向小明问长问短,为什么呢?

5. 夸耀自己
当你向别人夸耀你的长处时,别人还会知道你的什么?

6. 找钱
小明带100元钱去买一种75元钱的东西,但老板却只找了5元钱给他,为什么呢?

7. 职业登山运动员
一个职业登山运动员什么山上不去?

8. 交通工具
什么交通工具速度越慢越让人恐惧?

9. 没有水的海(一)

什么海没有水？

10. 没有水的海(二)

什么海没有水？除了《辞海》。

11. 写阿拉伯数字

如果你1秒钟可以写一个阿拉伯数字，那么你从1写到10000，你会用多少时间？

12. 装灯泡

小明骑在爸爸的脖子上装灯泡，为什么让爸爸原地打转呢？

13. 最小的球

什么球体积最小？

14. 捉迷藏

13个小朋友玩捉迷藏，捉了10个还剩几个？

15. 冷天气

天气越来越冷，为什么小华不多加件衣服，反而要脱衣服？

16. 水分蒸发

地上的积水因太阳照射蒸发，会越来越少；什么地方的水太阳照射越强烈，水反而越来越多？

17. 不接受

发什么大家都不愿意接受？

18. 中分头发

老李刚理完发，便要求理发师将他的头发"中分"，理发师却说做不到，为什么呢？

19. 孔雀东南飞

为什么孔雀向东南飞而不向西北飞呢?

20. 家有贤妻

对单身汉来说,家有贤妻是最大的幸福;那么,对家里没有贤妻的已婚的男人来说,什么是最大的幸福?

21. 前辈与后辈

一个人没有前辈,他会不会有后辈?

22. 笔不能写字

爸爸买了一支笔,却不能写字,为什么呢?

23. 奥特曼

为什么奥特曼打完小怪兽都会点一下头?

24. 桌上一把刀

一个婚姻破裂的男人,桌上放着一把刀,请问他想干什么?

25. 写字用哪个手

你用左手写字还是用右手写字?

26. 彩票

小赵买一张彩票,中了一等奖,去领奖却不给,这是为什么呢?

27. 腾云驾雾的鬼

什么鬼整天腾云驾雾?

28. 春光外泄

比春光外泄更严重的是什么?

29. 无人能替

为什么男人对女人说"在这个世界上没有人可以代替你,你是我的唯一"?

30. 红楼梦

在《红楼梦》一书中有一种东西从头到尾都出现了,你知道是什么吗?

31. 三个鬼

三个金叫"鑫",三个水叫"淼",三个人叫"众",那么三个鬼应该叫什么?

32. 漏雨的屋子

一间屋子里到处都在漏雨,可是谁也没被淋湿,为什么呢?

33. 火车行驶路程

一辆火车由北京到上海全程需要6小时才能到达,如今行使了3小时,火车现在应该在什么地方?

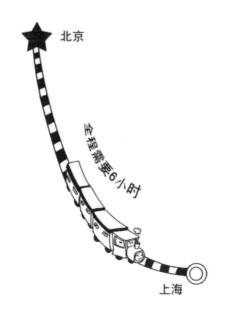

34. 漂亮长发

妈妈把一头漂亮的长发剪短了,可是回到家里却没有人发现,为什么呢?

35. 捡钱包而不上交

为什么小明在大街上捡了一个钱包而不上交?

36. 洗碗小计谋

母亲节那天,如果不想让母亲洗碗,又不想自己动手的话,你该怎么办?

37. 没了油的飞机

飞机在天上飞,突然没油了,什么东西先掉下来?

38. 小心轻放

小王有一件东西毫无用处,但他却小心轻放,为什么呢?

39. 一无所有

人在什么时候一无所有?

40. 瞌睡现象

自从王主任上任后,办公室里上班打瞌睡的现象彻底消除了,为什么呢?

41. 北极熊食肉

北极熊食肉,可它为什么不吃企鹅?

42. 药店买不到的药

有一种药,你想吃,药店里却买不到,这是什么药?

43. 特别的词

房屋、宫殿、岩洞、大厦、牛棚,哪个词与众不同?

44. 贝多芬的启示

贝多芬给了学生什么样的启示?

45. 国内特产

我国国内主要生产什么?

46. 打羽毛球

小王天生力气大,一次打羽毛球由于力气过大,球打出后5分钟才落地,有可能吗?

47. 开车去动物园

阿呆开车去动物园玩,动物园很近,他的路并没有走错,为何到不了目的地?

48. 不小心溺水

不小心溺水时,若附近没有其他人,该如何自救?

49. 不报晓的鸡

古时候没有钟,有人养了一群鸡,可是天亮时,却没有一只鸡给他报晓。这是为什么呢?

50. 声音传播

谁说话的声音传得最远?

51. 总是面北

小戴是一位科学家,历尽千辛万苦终于来到了一个地方,他面北而立,向左转了 90°,却还是向北,再转 90°依然面北,又转了 90°还是面北,你知道这是什么原因吗?

52. 下学期考试

小明这次期中考试成绩不好,老师批评他,小明向老师保证下学期考试的成绩绝不退步!为什么小明能向老师保证下学期考试的成绩绝不退步呢?

53. 三头六臂

小明说他有三头六臂,他到底是个什么样的人呢?

54. 自行车和火车

让自行车跑得和火车一样快的最简单的办法是什么？

55. 十头牛

一农夫养了十头牛，为什么一共只有十九只角？

56. 渡不过去的河

什么样的河人们永远也渡不过去？

57. 月亮发光

一个月中有几天月亮是不发光的？

58. 使肉新鲜

要使猪肉长期保持新鲜，最好的办法是什么呢？

59. 最秘密的事

一个人无法做，一群人做没意思，两个人做刚刚好。请问是啥秘事？

60. 拿破仑的字典

为什么拿破仑的字典里没有一个"难"字？

61. 考试零分

期末考试成绩下来了，平平的四门功课全是零分。老师却说比起某些同学来平平有一条是值得表扬的。老师指的是什么？

62. 越擦越小的东西

什么东西越擦越小?

63. 托不起沙子

什么东西载得动一百捆干草却托不起一粒沙子,日夜奔跑却离不开自己的卧床?

64. 改变自然

既能认识自然又能随便改造自然的人是谁?

65. 破洞的口袋

小红口袋里原有 10 个硬币,但它们都掉了,请问小红口袋里还剩下什么?

66. 左右脚的不同

人在行走的时候,左右脚有什么不同?

67. 谁占面积最小

哪一种人占用地球表面积最小?

68. 数字规律

按照 1、12、1、1、1、2……的规律写,接着该怎么写?

69. 猫吃鱼

猫喜欢吃鱼,为什么今天不吃了?

70. 登陆月球

美国人登陆月球,说的第一句是什么话?

71. 不罚钱

在街上扔废纸要罚钱,扔哪一种纸却不会罚钱?

72. 壁虎的儿子

壁虎的儿子犯错了,最希望受到什么惩罚?

73. 打架的球

什么球互相之间经常打架呢?

74. 球的容量

容量最大的球是什么球呢?

75. 近在眼前

近在眼前的东西是什么?

76. 花钱送人

自己的什么东西非得花钱送给别人?

77. 哪年最短

哪年最短?

78. 不能喝的酒

什么酒不能喝?

79. 比天高的东西

世上什么东西比天更高?

80. 五个头

什么东西有五个头,但人们不觉得它怪呢?

81. 最窄的路

什么路最窄?

82. 剪不断的布

有一种布很长很宽很好看,但就是剪不断,也没有人用它来做衣服,这是为什么呢?

83. 凳子敲人

人敲凳子时会发出"咚咚"声，那么凳子敲人会发出什么声？

84. 桥下没水

什么桥下没水？

85. 咬牙切齿

什么东西咬牙切齿？

86. 装不满的桶

什么桶永远装不满？

87. 熬夜的动物

什么动物天天熬夜？

88. 学到的知识

你在学校学到的知识越多，什么就会越少？

89. 厕所的秘密

为什么大多数厕所的门下方都要留一条缝？

90. 路人

路人甲和路人乙走在马路的中间，这时一辆车从后面飞一般地开过来，你知道他们两个都变成了什么吗？

91. 周游列国

当年,孔子为什么要周游列国?

92. S.H.E.

"大家好,我是白素贞!""我是小青!""我们是S.H.E!"请问,白素贞和小青为什么说自己是S.H.E呢?

93. 因小失大

试举一个因小失大的例子。

94. 含笑九泉

什么叫含笑九泉?

95. 开游艇

杰克应该把游艇开到红海去,却开到了黑海,为什么呢?

96. 相同物品

相同的物品,买一个别人给你60元,买两个别人给你20元,这是为什么呢?

97. 熊冬眠

为什么熊冬眠时会睡那么久?

98. 相互转化

A和B可以相互转化,B在沸水中可以生成C,C在空气中氧化成D,D有臭鸡蛋气味,问A、B、C、D各是什么?

99. 喝杯底的啤酒

满满一杯啤酒,怎样才能先喝到杯底的啤酒?

100. 动物高手

什么动物是高手？

101. 三根头发

有一个人只有三根头发，为什么在参加宴会时还要拔掉一根？

102. 暖气

下雪天，阿文开了暖气，关上了门窗，为什么还感到很冷呢？

103. 感冒的老虎

有一只老虎感冒了，于是就去抓熊猫来吃，熊猫哭着问："你为什么要吃掉我？"你猜老虎是怎么回答的？

104. 面朝方向

小李说："我前面的人是小王。"小王说："我前面的人是小李。"这是怎么回事？

105. 做白日梦

什么人总是做白日梦？

106. 海的主人

谁是海的主人？

107. 不能骑的马

什么马不能骑？

108. 考试看书

要考试了，不能看什么书？

109. 不能吃的果

什么果不能吃？

110. 哪条蛇长

水蛇、蟒蛇、青竹蛇，哪一条比较长？

111. 黑石子和白石子

一块黑石子与一块白石子同时放入水中，有什么变化？

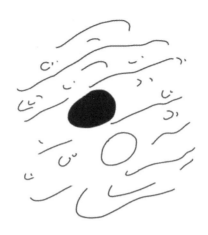

112. 早场电影

小陈礼拜天早上赶到电影院去看早场电影,到了那里却看不到半个人,为什么呢?

113. 电脑干活

如果有一台电脑能替你干一半的活,你将怎么办?

114. 巧喝葡萄酒

有瓶葡萄酒,小王用尽办法都无法拔开瓶塞,结果他不打破酒瓶,也不钻洞,仍然喝到了酒,为什么呢?

115. 红豆汤圆

小明上班时间吃了红豆汤圆,经理看见后生气地说:"太闲了是不是?"小明回答了一句什么话把经理气得差点晕倒?

116. 劫珠宝

一家珠宝店的老板雇了一位保镖负责押送一箱珠宝，不幸中途遭人打劫。在整个打劫过程中，保镖始终死守着珠宝，尽管保镖没自盗自劫，可珠宝店老板还是损失了这箱珠宝，为什么呢？

117. 鸡蛋早餐

早餐时，大妹吵着要吃蒸蛋，小妹则说要吃煎蛋，妈妈出来打圆场，说了一句话，却让大妹说妈妈偏心，请问妈妈说了什么话？

118. 话最少的月份

张大妈整天说个不停，可有一个月她说话最少，是哪个月？

119. 使棍子变短

有一根棍子，要使它变短，但不许锯断、折断或削短，该怎么办？

120. 遭窃的房间

小明发现房间遭窃，却一点儿也不紧张，为什么呢？

121. 没有轮子的车

有一种车没有一个轮子，这是什么车？

122. 杀人案

警方发现一起智能杀人案，现场没有留下线索，也找不到目击者，但1小时后警方宣布破案了，为什么呢？

123. 画个圆圈

画一个圆圈，这个圆圈画在哪里我们永远也跳不出去？

124. 不能背

什么东西不能背？

125. 三人过马路

三个人要过马路，当时没有任何车辆通过，但是当三人都过了马路之后，却发现马路的这边只有两个人，请问另一个人哪里去了呢？

126. 蜈蚣出门

蟑螂请蜈蚣和壁虎到家中做客，发现没有油了，蜈蚣要去买，却久久未回，究竟发生了什么事？

127. 太阳能否出现

曼谷市正处于雨季。某天半夜 12 点钟,下了一场大雨。问:过 72 小时后,当地会不会出现太阳?

128. 冰变成水

冰变成水最快的方法是什么?

129. 记忆的最佳时间

人在什么时候记忆力最好?

130. 一年级

小方读了 13 年书,为什么还在一年级?

131. 谁最聪明

电视连续剧《西游记》中,谁最厉害又聪明?

132. 火灾

有个地方发生了火灾,虽然有很多人在救火,但就是没人报火警,这是为什么呢?

133. 出入公共场所

明星出入公共场所,最怕遇到什么事?

134. 卖假货

老张 20 多年一直卖假货,为什么大家却认为他是大好人?

135. 去学校

小明家到学校 50 米,小明以每秒一步、每步一米的速度行走。一天,小明去学校,走三步退两步,请问到达学校最短要多长时间?

136. 最简分数
在什么情况之下 2/4 和 4/4 不会约为最简分数?

137. 哪儿最安全
地震的时候什么地方最安全?

138. 鸡的后面
从前有只鸡,鸡的左面有只猫,右面有条狗,前面有只兔子,鸡的后面是什么?

139. 睡美人
王子吻了睡美人之后,睡美人为何没有起来?

140. 敲门的回答
什么时候有人敲门,你绝不会说请进?

异想天开

141. 歧义

在一个五金商店里，明码标价写着：钢珠一元二十个。一位顾客拿出一元钱要买20个钢珠，店主却不卖，这是为什么呢？

142. 死很多次

什么东西可以死很多次，每次死的时间一般都不超过一分钟？

143. 摇头和鞠躬

什么东西最爱摇头和鞠躬？

144. 青蛙游泳比赛

游泳比赛中青蛙输给了狗，这是为什么呢？

145. 身上的水晒不干

艳阳高照，为什么小可全身湿淋淋的，身上的水晒不干？

146. 后羿射日

天上有10个太阳，为什么后羿只射下9个？

147. 留长发的人

对一个打算把头发留到腰部的人来说，最重要的一件事是什么？

148. 谁搭公交车不要钱

除了司机以外，还有谁可以每天搭公交车而不必给钱？

149. 被枪决的犯人

一个即将被枪决的犯人,他的最大愿望是什么?

150. 偷用牙刷

甲偷用了乙的牙刷,乙有 B 型肝炎,为什么甲却没有被传染?

151. 问路

如果有人向你问路,你最怕听到哪句话?

152. 熄灭生命之火

什么时候我们会甘心熄灭自己的生命之火?

153. 沙漠旅行的狗(一)

一只小狗在沙漠中旅行,结果死了,它是怎么死的?

154. 沙漠旅行的狗(二)

(接上题)一只小狗在沙漠中旅行,它找到了电线杆,结果还是憋死了,为什么呢?

155. 沙漠旅行的狗(三)

(接上题)一只小狗在沙漠中旅行,它找到了电线杆,上面没贴任何东西,结果还是憋死了,为什么呢?

156. 沙漠旅行的狗(四)

(接上题)一只小狗在沙漠中旅行,它找到了电线杆,上面没贴任何东西,排队也排到了,结果还是憋死了,为什么呢?

157. 体重变化

爱吃零食的小王体重最重时有 50 公斤,但最轻时只有 3 公斤,为什么呢?

158. 一起喝酒

男人在一起喝酒,为什么非划拳不可?

159. 口吃的人

口吃的人做什么事最亏?

160. 奋笔疾书

考试时,阿财一道题都不会写,但是为什么突然眼睛一亮,开始奋笔疾书?

161. 祝贺词

太阳爸爸和太阳妈妈生了个太阳儿子，我们应该说什么祝贺词恭喜他们？

162. 防身武器

在冰天雪地的北极找不到防身武器时该怎么办？

163. 废除早自习

废除早自习会造成什么影响？

164. 七窍生烟

人在什么情况下会七窍生烟？

165. 射星星

为什么冲天炮射不到星星？

166. 火车车厢

哪种火车车厢最少？

167. 喝水

用什么方法可以使人不喝水？

168. 警察拦公车

一辆车在公路上正常行驶，没有违反任何交通规则，但却被一名警察给拦住了，请问为什么呢？

二、异想天开

169. 真真假假

女王说："原来我有个弟弟，胆子很小，一点儿也受不了惊吓。有一天夜里弟弟又做了噩梦，梦见敌国的武士冲入皇宫，将剑刺入他的心脏。弟弟受到惊吓，就这样在梦中死去了。"

你相信她说的话吗？

170. 治病

当医生说你的病没希望时该怎么办？

171. 喝药

小陈喝下了药水，但忘了把药摇匀，达不到最佳效果，他该如何补救？

172. 黄河上的桥

黄河上有两座桥，一高一低，这两座桥都被接连而来的3次洪水淹没了。高桥被淹了3次，低桥反而只被淹了1次，这是为什么呢？

173. 撒谎精

小强最会撒谎，可为什么小强说他的朋友都夸他是诚实的孩子呢？

174. 电视机前看电视

为什么吃完晚餐后，全家人都喜欢坐在电视机前看电视？

175. 自讨苦吃的地方

一个自讨苦吃的地方在哪里？

176. 必须去的地方

任何人都必须去的地方是哪里？

177. 建男厕

男厕所一般建在什么地方？

178. 最佳方案

什么是治疗"口臭"的最佳方案？

179. 最长的皮

世界上什么皮最长？

180. 以牙还牙

什么是"以牙还牙"?

181. 双胞胎兄弟

有一对双胞胎兄弟,哥哥的屁股上有黑痣,而弟弟没有。但即使这对双胞胎穿着相同的服饰,仍然有人可以立刻知道谁是哥哥,谁是弟弟。究竟是谁呢?

182. 自带食品

很多餐厅都不让自带食品,怎么才能合理合法呢?

183. 老师打架

放学后,小明对爸爸说:"今天数学老师和体育老师打了一架,他把体育老师打得屁滚尿流。"

爸爸说:"这说明了一个很重要的道理。"

你知道说明了什么吗?

184. 粪坑

一名警察掉到了粪坑里,爬上来之后会变成什么?

185. 没有被罚

小明骑车闯了红灯,一名交通警察罚了他的款。第二天,他又闯了红灯,但那位警察却没罚他。你知道这是为什么吗?

186. 梁山伯与祝英台

梁山伯和祝英台变成了一对比翼双飞的蝴蝶之后怎么样了?

187. 公交上的乘客

有一天坐公共汽车，车内买票的人数只有乘车人数的一半，售票员对此却无动于衷。这是怎么回事？

188. 英文对话

一个刚上幼儿园两天的孩子，就能和幼儿园的老师用英文对话，你说这是为什么？

189. 不去天堂

好心的约翰去世了，天使要带他上天堂，为什么他坚决不肯去？

190. 下金蛋的母鸡

如果你有一只下金蛋的母鸡，你该怎么办？

191. 嘴里的舌头

什么东西嘴里没有舌头？

192. 人从哪儿来

街上那么多的人是从哪儿来的？

193. 企鹅的肚子

为什么企鹅的肚子是白色的，而后背都是黑的？

194. 傻乎乎的金鱼

为什么金鱼看上去傻乎乎的？

195. 没脚走天下

什么东西没脚也能走天下？

196. 接机

夫妻结婚不久，丈夫就去当兵了，几个月之后，妻子生了个儿子。

一晃几年过去了，一天，妻子对儿子说爸爸就要回来了，让儿子和自己一起去机场接他的爸爸。一会儿，飞机上下来了3个人，儿子冲上去就喊："爸爸！"

为什么儿子一下子能认出来？

197. 一堆水果

小明上街去，买了一堆香蕉、一堆苹果、一堆梨、一堆荔枝，他买了几堆东西？

198. 越吃越饿

什么东西越吃越感到饿？

199. 问问题

张三问李四5次同样的问题，李四回答了5个不同答案，而且每个都是对的，那么张三问的是什么呢？

200. 救生圈

气球的里面有空气，那么救生圈里面有什么呢？

201. 全熟的牛排

小明点了一份全熟的牛排，但是为什么一切下去居然流出血来？

202. 武松打虎

武松到景阳冈前的酒店喝酒，酒家劝他少喝，并要他和其他人结伴过冈，以防老虎。武松不以为然,岂料上山后真的碰上了老虎,虽然武松打得过它,但还是怕得撒腿跑了。

请问,武松什么时候开始害怕老虎的?

203. 洗过没人吃

什么东西洗过没人吃,没洗过却有人吃?

204. 不能摸的花

什么花不能摸?

205. 摸不到

什么东西看不到却可以摸到,万一摸不到会把人吓到?

206. 热气球上的专家

有一天,一位经济学家、一位原子弹专家和一位政治家共同乘坐同一个热气球。突然,热气球燃料不足可能坠毁,必须减轻重量扔下一个人,请问扔哪一位?

207. 穿越车中间

失恋的黄先生在一个月黑风高的晚上,走上街头,迎面过来飞车,他站在两个车灯中间,车子呼啸而过,人竟然毫发无损,为什么?

208. 理发师不喜欢的人

理发师最不喜欢的人是谁?

209. 打破

什么东西打破了才能吃?

210. 不让鸭子飞走

怎样才能让鸭子不会飞走?

211. 没下过水的船

有种船从来没下过水,请问是什么船?

212. 谁是哑巴

孙悟空问猪八戒:"天上的太阳、月亮、星星,哪一个是哑巴?"猪八戒答不上来,你知道吗?

213. 天天盈利

张飞做屠户的时候天天盈利,为什么一到月底他却说亏了呢?

214. 盛水的杯子

什么杯不能用来盛水?

215. 秃头的推销员

百货公司里有个秃头的推销员,他正在促销一种非常有效的生发水,你知道他为什么自己不用生发水吗?

216. 恐龙灭亡的原因

恐龙为什么会灭亡?

217. 奇怪的病

医生问病人:"感冒吗?"病人摇头。

"肚子疼?"病人摇头。

"神经病?"病人摇头。

究竟他是来看什么病的?

218. 好与坏

好与坏的中间是什么?

219. 分苹果

我有9个苹果,却必须平均分给13个小朋友,我该怎么办?

220. 针掉进海里

一根针掉进海里了怎么办?

221. 疑难问题

用哪三个字可以回答一切疑难问题?

222. 复杂的关系

你的爸爸的妹妹的堂弟的表哥的爸爸与你叔叔的儿子的嫂子是什么关系?

223. 读书

读完北京大学需要多长时间?

224. 花时间

小明昨天花了一整晚的时间在他的历史课本上,为什么妈妈第二天还是说他不用功?

225. 最常讲的话

人们最常讲什么话?

226. 诺贝尔文学奖

明明吹嘘自己写的小说可以得诺贝尔文学奖,他写的是什么小说?

227. 不洗澡的狗

老张养了一只狗,并且从来不帮狗洗澡,为什么狗不会生跳蚤呢?

228. 音乐天分

儿子很有音乐天分,父亲买了一把吉他送给他。儿子天天抱着吉他边弹边唱,可是父亲却很不高兴,不久便把吉他收回来,另外送给儿子一个口琴。这是为什么呢?

229. 饭来张口

什么人可以饭来张口、衣来伸手?

230. 称呼一只狗

怎么称呼一只不会叫的狗?

231. 一堆西瓜

一堆西瓜,一半的一半比一半的一半的一半少半个,请问这堆西瓜有多少个?

232. 集装箱大卡车

有一辆装载着集装箱的大卡车要穿过天桥,可是集装箱的顶部却高出天桥底2厘米。集装箱又大又重,不便卸下;而绕道走耽搁时间。

请问:有什么办法能使大卡车顺利穿过天桥,又不至于撞坏天桥?

233. 孩子喜欢的课

一个贪玩的小孩最喜欢什么课?

234. 出国旅行

小王与父母头一次出国旅行,由于语言不通,他的父母显得不知所措,小王也丝毫不懂外语,他也不是聋哑人,却像在自己国家里一样未感到丝毫不便,这是为什么呢?

235. 主持仪式

牧师无论如何都不能主持的仪式是什么?

236. 修理闹钟

6岁的小明总是喜欢把家里的闹钟弄坏,妈妈为什么总是让不会修理钟表的爸爸代为修理?

237. 分橘子

塑料袋里有6个橘子,如何平均分给3个小孩,而塑料袋里仍有2个橘子?(不可以分开橘子)

238. 买鞋

买一双高级女皮鞋要214元5角6分钱,请问买一只要多少钱?

239. 只能一个人做的事

你能做、我能做、大家都能做,一个人能做、两个人不能一起做。这是做什么?

240. 买不到的书

什么书买不到?

241. 一月一日

一年前的一月一日,所有的人都在做着一件非常重要的事,你记得是什么事吗?

242. 不能用手拿的花

什么花可以看却不能用手拿?

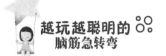

243. 搭电梯

有个男孩住在十三楼,他每天出门必搭电梯到一楼,但回来时只搭到十楼,然后再爬楼上去,为什么?

244. 不一样的月亮

月亮在什么时候完全不一样?

245. 随时跑的兵

步兵要用走的,什么兵却随时要用跑的?

246. 地球表面

地球表面哪里照不到太阳?

247. 八点钟和九点钟

八点钟和九点钟有什么不一样?

248. 用脚踩

什么球只能用脚踩,不能用手捡?

249. 蜈蚣什么最多

蜈蚣家里最多的是什么呢?

250. 沉没的油轮

一艘50万吨的油轮沉没了,最先浮出水面的是什么?

251. 黑笔写红字

黑笔如何能够写出红字?

252. 黑笔写白字

(接上题)不用上题这种方法,如何写出白字来?

253. 盲人手杖

阿明是个盲人,出门的时候总是拿着一根探路用的手杖。一天他忘记带手杖了,家门口有一处未加盖的下水道洞口,可是阿明却没有失足掉进洞里,这是为什么?

254. 一模一样的考卷

在一次监察严密的考试中,有两名学生交了一模一样的考卷。主考官发现后却并没有认为他们作弊,这是什么原因?

255. 搭筷子

你能否用4根筷子搭出一个比3大比4小的数?

256. 计算器

有个人考试拿计算器算题,他在书桌里面算,突然监考员发现了他用计算器,这是为什么?

257. 考试注意什么

成绩不好的学生考试时应注意什么?

258. 一群羊

山坡上有一群羊,又来了一群羊。一共有几群羊?

259. 新华字典

《新华字典》一共有多少个字?

260. 被老虎追

一个人被老虎穷追不舍,突然前面出现了一条大河,他不会游泳,但他却过去了,为什么?

261. 吃完桌上的面

在不能用手的情况下，怎样才能把桌上的一碗面吃完？

262. 什么车最长

世界上除了火车啥车最长？

263. 走楼梯回家

小明家住在五楼，可是电梯坏了，他自己也没有走楼梯，却上了五楼回到家里，这有可能吗？

264. 长辈的称呼

你的阿姨有个姐姐，但你不叫她阿姨，她是谁？

265. 百元大钞

陈先生走在路上，眼前有十几张百元大钞，他明明看见了，为什么不去捡？

266. 谁去做饭

一副扑克一起出去玩，玩到中午都饿了。
大王说谁去弄点吃的吧！结果其他五十三张牌你推我、我推你，谁也不想去。
最后红桃六说：我建议一个人去，大家肯定都没有异议！
说出来以后，大家都觉得有理！
请问红桃六建议谁去弄吃的？

267. 拿针刺人的人

张先生拿着针到处刺人，为什么没有人责怪他？

268. 歌唱比赛

小毛歌唱得不错，为什么老是得不了第一？

269. 红绿豆打架

红豆和绿豆打架,红豆输了。(打一昆虫)

270. 熄火方法

把火熄灭最快的方法是什么?

271. 唱歌时的掌声

谁在唱歌的时候,观众的鼓掌只有一声?

272. 不需要土壤

什么东西不需要土壤,就能破皮而出、茁壮成长呢?

273. 不怕冷

什么人最不怕冷呢?

274. 三更半夜

三更半夜回家才发现忘记带钥匙,家里又没有其他人在,这时你最大的愿望是什么?

275. 掉进游泳池

一个人掉进游泳池里,他的脚却没有湿,为什么?

276. 书的价钱

有一本书,兄弟俩都想买。如果用哥哥的钱单买要缺 5 元钱,如果用弟弟的钱单买要缺 1 角钱,如果两人把钱合起来只买一本书,钱仍然不够。那么这本书的价钱是多少呢?

277. 失火的房子

什么房子失了火却不见有人跑出来?

278. 绝食

为什么妈妈几个月都不给孩子吃饭，可孩子仍然长得很好？

279. 淹没软梯

船边挂着软梯，离海面 2 米，海水每小时上涨半米，几小时海水能淹没软梯？

280. 飞机旅程

18 次航班从北京飞往广州只需两个多小时，目前飞机飞了 1 小时，请问：飞机在什么地方？

灵机一动

281. 生蛋

我们都知道,一只母鸡一天最多只能生1个蛋,可王阿姨家的母鸡一天生了3个蛋,这是为什么?

282. 脏乱的家

家里又脏又乱,怎样才能在最短的时间内弄干净?

283. 有山有河

什么地方有山有河有海,就是没有土和水?

284. 升起

当雨落下的时候,什么东西会升起来?

285. 最热

夏天什么东西最热?

286. 航线

什么飞机没有固定的航线?

287. 越高越小

什么东西越高越小?

288. 越来越多

什么东西一定会越来越多?

289. 最干净的轮子

在街上跑了一天的汽车哪个轮子最干净?

290. 进来容易出去难

什么宫殿进来容易出去难？

291. 一起做

所有人每天都在做的同一件事是什么？

292. 比大小

什么东西比蚂蚁的头还要小？

293. 假设 1=5

假设 1=5，2=6，3=7，4=8。那么 5=？

294. 中间几个人

路上有一队人在走，前面有 10 人，后面有 10 人，请问中间有多少人？

295. 变丑

吃什么会变丑？为什么？

296. 捡肉不捡钱

小立在街上走，看见前面有个人掉了一块肉和一个钱包，钱包里有很多钱，可小立还是捡了肉而不捡钱包，这是为什么？

297. 女人的衣服

为什么女人的衣服总是少一件？

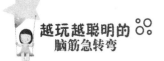

298. 藏橘子

幼儿园王老师问小朋友们:"现在这个房间里面有 20 个小朋友,把一个橘子放在什么地方,才能使大家都看得见,但是有一个人看不见呢?"

299. 牛的尾巴

有一头牛,头朝北,它向右原地转 3 圈,然后向后转 90°,接着再往右转 180°,这时候它的尾巴朝哪个方向?

300. 站没坐高

什么生物站着没有坐着高?

301. 赴汤蹈火

在什么时候,每个人都会积极主动地发挥赴汤蹈火的精神?

302. 翻包

常把手伸向别人包里的人,除了小偷还有什么人?

303. 饥饿的狼

一只饿了很久的狼看见一只小羊,却撒腿就跑,为什么?

304. 鼻子长

动物园中,大象的鼻子最长,那么鼻子第二长的是什么呢?

305. 生日礼物

小赵在儿子 15 岁生日那天准备了一份礼物送给儿子,为什么儿子一脚就把礼物给踢开了呢?

306. 胆大心细

什么东西能称得上"胆大心细"呢?

307. 马路中间的人

老李站在马路中间指手画脚,却不见警察来赶他,为什么?

308. 偷车贼

有一名偷车贼,某天四下无人时,看到一辆没锁门的凯迪拉克,他却不动手,为什么?

309. 直立行走

人类直立行走有什么好处?

310. 酒鬼喝酒

酒鬼老李去看医生,医生警告他喝酒一次不要超过4杯,可老李还是一次喝了8杯,为什么?

311. 真金不怕火炼

真金不怕火炼,怕什么呢?

312. 数学更好学

为什么小军说数学比语文好学?

313. 茁壮成长

不用浇水、施肥,也能茁壮成长的是什么?

314. 厕所遇知己

在厕所遇见朋友时,最好不要问哪句话?

315. 对方不疼

你去打什么，对方不疼你自己疼？

316. 免费的住所

除了自己家里，世界上还有免费的住所吗？

317. 洗好不能吃

什么东西洗好了却不能吃？

318. 棒球赛

身高 1.69 米的小华，有一天参加棒球比赛，回来后身高却变成 1.70 米了，为什么呢？

319. 迟到的理由

大人上班迟到的理由是堵车，小孩子迟到的理由是什么？

320. 电梯

电梯除了比楼梯省时省力之外，最大的好处是什么？

321. 塞牙

一位老大爷嘴里只剩一颗牙，但是吃饭时还是塞牙了，为什么？

322. 蓝色外衣

蓝色外衣浸于黄河中，会产生何种现象？

323. 跑得最快

历史上哪个人跑得最快？

324. 谁的手不能摸

谁的手不能摸？

325. 蛇的生命力

蛇长多长的时候生命力最强？

326. 一下子变老

世界上什么人一下子就会变老？

327. 射击帽子

一个并非神枪手的人手持猎枪,另一个人将一顶帽子挂起来,然后将持枪人的眼睛蒙上,让他向后走10步,再向左转走10步,最后让他转身对帽子射击,结果他一枪打中了帽子,这是怎么回事?

328. 贴膏药

哪根筋伤了不能贴膏药?

329. 爬山

什么山不能用脚爬?

330. 洗衣服

什么鹅能帮助我们洗衣服?

331. 什么油不能点燃

什么油不能点燃?

332. 看书

看书时最怕的事是什么?

333. 一顿吃九头牛

一个人一顿吃了九头牛,这是为什么?

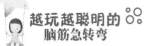

334. 十根蜡烛
房间里有十根点着的蜡烛,被风吹灭了九根,最后还剩几根?

335. 咬文嚼字
谁最喜欢咬文嚼字?

336. 大钟响 13 下
什么时候,时代广场的大钟会响 13 下?

337. 太阳西升
什么时候太阳会从西边出来?

338. 老师的花束
小明和小涵各买了一束花,他们把花捆在一起,准备送给老师,那么老师收到几束花?

339. 孵不出小鸡的鸡蛋
什么样的鸡蛋永远也孵不出小鸡?

340. 渔夫最怕什么
渔夫最怕什么?

341. 飞得最高的动物
飞得最高的是什么动物?

342. 最怕屁股上有什么
人最怕屁股上有什么东西?

343. 日月潭

日月潭的中间是什么?

344. 到别人家做客

去别人家中做客,讲什么话容易惹人厌?

345. 报纸消息

报纸上登的消息未必都是真的,但是上面的什么消息绝对假不了?

346. 让人扫兴的吃饭

吃饭的时候最扫兴的是什么?

347. 兔子的红眼睛

兔子的眼睛为什么是红的?

348. 猩猩取香蕉

饲养员将一串香蕉挂在竹竿上,要求大猩猩不搭凳子,不砍断竹枝取下它。聪明的大猩猩想了想很快取到了香蕉。它是怎样拿到的?

349. 必买的书

什么书必须领两本?

350. 娶媳妇不花钱

小王娶媳妇为什么没花一分钱?

351. 最大的番薯

全世界最大的番薯长在哪里?

352. 吃饭不花钱

小宝在外面吃饭为什么不用付钱或刷卡?

353. 下水道

下水道的盖子为什么是圆的?请给出至少4条理由。

354. 借物

借什么可以不还?

355. 金箍棒画圈

孙悟空用金箍棒在地上画了一个圈,不让大伙出来,唐僧却被妖怪骗了出来抓走了。这一次,孙悟空吸取了教训,用金箍棒在唐僧脚上画了一个圈,但最后还是被妖怪抓走了,你知道这是为什么吗?

356. 美容工作

小琪从事美容工作已经很多年了,为什么连个眼影都画不好?

357. 一双翅膀

如果你有一双翅膀,你会做什么?

358. 天天打扫

什么地方天天擦却还是黑乎乎的一片?

359. 悲剧和喜剧

悲剧和喜剧有什么联系?

360. 闭眼睛看东西

有什么办法让你在闭着眼睛时能看到东西?

361. 成语适用场合

"东张西望""左顾右盼""瞻前顾后"这几个成语用在什么时候最合适?

362. 小猫哪儿去了

姑妈送给小花一只小猫,这只小猫没有死掉,没有跑掉,小花也没有把它送人,为什么3个月后姑妈来小花家却没有看见小猫?

363. 越大越没用

什么东西越大越没有用?

364. 喝醉的萝卜

萝卜喝醉了,会变成什么?

365. 最安全的船

什么船最安全?

366. 喜欢被骗的人

什么时候明明知道自己被骗还非常高兴?

367. 试卷的答案

考试时,小明知道试卷的答案,为什么还频频看同学的?

368. 变偶数

"Ⅸ"这个罗马数字代表9,如何加上一笔,使其变成6?

369. 冻不死的鹅

一只鸡,一只鹅,放冰箱里,鸡冻死了,鹅却活着,为什么?

370. 朝南朝北

有两个人，一个面朝南、一个面朝北地站立着，不准回头，不准走动，不准照镜子，问他们能否看到对方的脸？

371. 哪一颗牙

人的哪一颗牙最坚固？

372. 不吐骨头

为什么小东吃扒鸡都不吐骨头？

373. 走着周游列国

孔子为什么要走着周游列国？

374. 出门上班

两个人住在一条胡同里，只隔几步路，他们同在一个工厂上班，但每天出门上班，却总一个向左，一个向右，为什么？

375. 老鼠洞里的老鼠

一个老鼠洞里有5只老鼠，猫进洞吃了1只老鼠，洞里还剩下几只老鼠？

376. 鸭子的颜色

哪一种鸭子颜色最漂亮？

377. 天才夫妻

语言天才和计算机专家结婚了，将来生下的儿子长大后会成为什么人？

378. 不能穿过的门

什么门不能穿过？

379. 足球运动员

是什么使贝利成了优秀的足球运动员？

380. 追爸爸

小明的爸爸忘了带东西，小明发现后，立即朝相反的方向跑去追爸爸，但又不是抄近道，为什么？

381. 生日

一个人一辈子有几个生日？

382. 唐老鸭和小叮当

唐老鸭和小叮当玩猜拳谁会赢？

383. 生病打针

小胖生了病，天天要打针。这个孩子怕痛，每次打针都说屁股好痛好痛。这一天，爸爸陪他去打针，这次他却说，屁股一点儿也不痛。这是为什么呢？

384. 老太太上公交车

有一位老太太上了公交车，为什么没人让座？

385. 上学迟到

一名学生住在学校里，为什么上学还经常迟到？

386. 南京路

上海的南京路，来往最多的是什么人？

387. 他是谁

有一个人，他是你父母生的，但他却不是你的兄弟姐妹，他是谁？

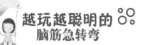

388. 抓不着的线

什么线看得见却抓不着？

389. 鱼缸里的鱼

小明小心地把鱼放在鱼缸里，不到10分钟鱼都死了，为什么？

390. 什么花看不清楚

让人看不清楚的花是什么花？

391. 盲人过马路

有个盲人横穿马路，他身穿黑色衣服，当时既没有路灯，也没有月亮，星星也看不见踪影，但是，司机却一眼就看到了他。请问：这是什么原因？

392. 孔子诞辰

9月28日是孔子诞辰，10月28日是什么日子？

393. 上课铃声

上课铃声响了，却没有一名同学在教室里，怎么回事？

394. 石头剪刀布

小强出布，小明出石头，为什么小明却赢了？

395. 受罚

不是你做的却要受罚,这是什么事情呢?

396. 切一半的苹果

切一半的苹果,跟什么很像呢?

397. 站在刀尖上

什么人站在刀尖上生活?

398. 不能拍

什么掌不能拍?

399. 不能洗澡的池

什么池不能洗澡?

400. 不含水的冰

什么冰没水?

401. 见者有份

什么东西见者有份?

402. 离你最近的球

什么球离你最近?

403. 不能医治的伤

什么伤医院不能治?

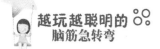

404. 扛不起

什么东西力气再大的人也扛不起？

405. 一心两用

志明说自己可以一面吹口哨，一面刷牙，他是怎么办到的呢？

406. 游河

有一个年轻人要过一条河去办事，这条河上没有船也没有桥。他便在上午游泳过河，1小时他便游到了对岸，当天下午，河水的宽度以及流速都没有变，他的游泳速度也没有变，可他竟用了两个半小时才游到河对岸。你说这是为什么？

407. 吃饭前要做的事

过年的时候，吃饭前一定要做的事是什么？

408. 画展厅

小聪的爸爸不是画家，为什么他的作品却挂在画展厅最显眼的地方？

409. 足球赛比分

足球赛才刚开始，为什么大家都知道比分？

410. 认真做的事

什么事每人每天都必须认真地做？

411. 密闭的房间

一个人被关在密闭的房间里，只有一扇门，但他用尽全力都无法拉开，他该如何出来？

412. 落水的人

一个中国人去夏威夷度假，结果在海边溺水，高喊救命，却没人理他，为什么？

413. 组数

用数字1、2、3能组成的最大数是多少？

414. 寸步难行的车子

什么车子寸步难行？

415. 不敢洗澡

什么人始终不敢洗澡？

416. 切西瓜

一个西瓜3刀切成7块，吃完却发现有8块皮，怎么回事？

417. 长得像

小华在家里，和谁长得最像？

418. 火灾现场

一座大楼发生火灾，老王逃到了楼顶后，无路可走，便跳到了隔壁的楼顶上，两栋楼之间的距离只有10厘米，老王却摔死了，为什么？

419. 热气球

阿呆从热气球上掉下来，却没有受伤，为什么？

420. 出生就称王

什么人生下来就能称王？

421. 一天慢 24 小时

什么表一天慢 24 小时？

422. 船上的洞

一个人在海上，发现船破了一个洞，这时他赶紧又挖了一个洞。你知道他想干什么吗？

423. 最先看到什么

进动物园后，最先看到的是哪种动物？

424. 不买票的人

有个胖子上了公共汽车，没有月票，没有刷卡，也没有买票，售票员为什么让他从起点坐到终点？

425. 最浪费时间的东西

浪费掉人一生三分之一时间的会是什么东西？

426. 考试猜题

考试做选择题，小花掷骰子决定答案，但题目有 20 题，为什么她却扔了 40 次？

427. 找不到裂纹
什么东西破裂之后,即使最精密的仪器也找不到裂纹?

428. 狮子笼
一个手无寸铁的人钻进了狮子笼里,为什么太平无事?

429. 不同的衣服
在同一天的同一个地方,姐妹二人一个穿冬装,一个穿泳装,为什么呢?

430. 跳墙
小明很会跳高,能跳 3 米高,有一座 6 米高的墙,请问他几次可以跳过去呢?

431. 不能吃的果
什么样的果不能吃?

432. 白马王子
骑着白马的除了王子还有谁?

433. 最好的回答
如果一个姑娘给你发短信说"我感冒了",假如"多喝点水"是最坏的回答,那么最好的回答是什么?

434. 哪个更痛
用椰子和西瓜打头哪一个比较痛?

435. 家养的狗
老张家里养的狗为什么比同村别人家养的狗更吵?

436. 抓住的风

黄风岭的风很大,孙悟空说:"等我把这风抓来闻闻。"猪八戒笑道:"风怎么可以抓得住呢?"你知道能抓住的风叫什么风吗?

437. 抽烟

一个女子最讨厌抽烟的人,有一天,她去一个朋友家,参观新房后,连声说:"抽烟好、抽烟好!"请问这是为什么?

438. 1+2

1+2 在什么时候不等于3?

439. 比乌鸦更讨厌

什么东西比乌鸦更讨厌?

440. Nokia 和 iPhone

一天,Nokia 约了 iPhone 一起去逛街,回来之后变成了 Noka 和 Phone。Motorola 见状大惊:你们的 i 呢?Noka 和 Phone 小声说:我们在街上听到有人唱歌……请问 Nokia 和 iPhone 在街上发生了什么呢?

441. 爱出来

什么东西越热越爱出来?

442. 电线杆上的猴子

路边电线杆上蹲着一只猴子,司机小李看到就立刻停下车来,请问为什么?

443. 喝羊奶

为什么彤彤第一次见壮壮就一口咬定壮壮是喝羊奶长大的?

444. 爬楼到顶层

小明爬一幢 10 层高的楼,他只爬了 5 层,就到了楼的顶层,这是怎么回事?

445. 半夜狗声

某富翁的左右邻居都养狗,一到晚上,这两条狗吠叫不停。无法忍受这种折磨的富翁,便出搬家费一百万元,希望左右邻居都搬走。的确,两个邻居是连狗一起搬家了,但是一到夜晚,富翁还是听到完全相同的狗吠声。这是为什么?

四

巧问妙答

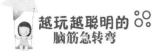

446. 爱打听

专爱打听别人事情的人是谁?

447. 罗马等式

X+I=IX,要让这个罗马数字构成的等式成立的话,最简单的方法是什么?

448. 查字典

一次,小明写作业时发现不会写"笨"字,于是就去查字典,可是翻遍了整本字典,竟然查不到这个字。你知道这是为什么吗?

449. 失火

如果卢浮宫失火了,你只有抢救一幅画的时间,可是里面的作品件件都价值连城,你该抢救哪一幅呢?

450. 鱼不说话

鱼儿为什么不说话?

451. 只有地知我知

什么事天不知地知,你不知我知?

452. 靠嘴巴吃饭(一)

什么人靠嘴巴吃饭?

453. 靠嘴巴吃饭(二)

歌唱演员靠自己的嘴巴吃饭,那什么人靠别人的嘴巴吃饭?

454. 源头

你知道黄河的源头在哪里吗?为什么?

455. 最高的动物

哪三种动物叠加一起最高?

456. 十个太阳

传说在古代的地球有十个太阳,但是现在为什么只剩一个?

457. 网子装水

用网子怎么装水?

458. 看不见

什么东西就在你眼前,你却看不见?

459. 冰山一角

为什么冰山一"角"?

460. 两只脚的老鼠

什么老鼠用两只脚走路?

461. 笑和哭

笑和哭有什么相同之处?

462. 只能用一只手

什么事情只能用一只手去做?

463. 补考的作用

休息的意义是为走更远的路,那么补考的作用是什么?

464. 手抓饭

为什么有的人用手抓饭吃?

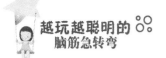

465. 抓不到

右手永远抓不到什么?

466. 中看不中吃

什么蛋中看不中吃?

467. 黑鸡和白鸡

黑鸡厉害还是白鸡厉害?为什么呢?

468. 羊蹲猪圈

有十只羊,九只蹲在羊圈里,一只蹲在猪圈里。(打一成语)

469. 又小又大的东西

又小又大的是什么东西?

470. 万物之王

百兽之王是老虎,百鸟之王是孔雀,你知道老虎和孔雀之王是谁吗?

471. 飞北极

麒麟飞到北极会变成什么？

472. 什么容易满足

什么东西最容易满足？

473. 不吃人的老虎

什么老虎不吃人？

474. 猪的用处

猪的全身都是宝，用处很大，猪对人类还有什么用处？

475. 邮箱钥匙

李东对张南讲，他昨天刚出差到广州，晚上给家里打电话时，妻子问他是不是把家里信箱钥匙带走了，他一找，果然是的。今天他赶紧把钥匙放在信封里寄了回去。张南一听，骂李东是笨蛋。你说这是为什么呢？

476. 探病的人

胖妞生病了，最怕别人来探病时说什么？

477. 重庆的路

山城重庆的路是上坡多还是下坡多？

478. 剧毒的药

为什么一瓶标明剧毒的药对人却是无害的？

479. 电和闪电

电和闪电最大的区别是什么？

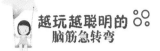

480. 头疼
姐姐用口红戳哥哥的头,哥哥用眉笔敲弟弟的头,弟弟用粉盒拍妹妹的头,妹妹用护肤霜打姐姐的头。请问,谁的头最疼?

481. 10只鸟
有10只鸟,开枪打死1只,为什么其他9只不飞走?

482. 流你的血
什么动物你打死了它,却流了你的血?

483. 不能吃的东西
什么东西人们都不喜欢吃?

484. 最听话的数字
什么数字最听话呢?

485. 贴在墙壁上
什么动物最容易被贴在墙壁上?

486. 卧冰求鲤
古人为什么要卧冰求鲤?

487. 蚕宝宝
为什么蚕宝宝很有钱?

488. 最轻的山
什么山最轻?

489. 蜜蜂停在日历上
一只蜜蜂停在日历上。(打一成语)

490. 像铝箔
这冰看起来就好像是张铝箔。(打一四字成语)

491. 无电话
天哪,整个地区只有这一家还没装电话。(打一成语)

492. 少了一本书
少了一本书。(打一成语)

493. 狗过桥

一条狗过了木桥之后就不叫了。(猜一成语)

494. 猜成语

一人把李逵请来说："李逵，你把宋江叫来！"(打一成语)

495. 沉思者

为什么罗丹的雕塑作品《沉思者》没有穿衣服？

496. 拿筷子吃饭

拿筷子吃饭。(打一成语)

497. 羊不呼吸

羊不呼吸了。(打一成语)

498. 弃文就武

弃文就武。(打一成语)

499. 两包面

小麦的两包面都被偷了。(打一成语)

500. 阎王爷写日记

阎王爷写日记。(打一成语)

501. 哞哞叫的牛

哞哞叫的牛一下水游泳后就不叫了。(打一成语)

502. 最细的针

最细的针。(打一成语)

503. 躺着和站着

七个人躺着,八个人站着。(打一成语)

504. 神奇肥皂

用猪肝和熊胆制成的神奇肥皂。(打一成语)

505. 茅厕里挂闹钟

茅厕里挂闹钟。(猜一成语)

506. 3颗药丸

医生给了你3颗药丸,让你每半个小时吃一颗,请问吃完需要多长时间?

507. 刀和枪

蓝色的刀和蓝色的枪。(猜一成语)

508. 羊和老鹰

羊给老鹰打电话。(打一成语)

509. 脏帽子

为什么帽子脏了要翻面再戴。(打一成语)

510. 背负十字架

一只乌龟,因背着十字架而人尽皆知。(打一成语)

511. 上天和入地

上天和入地哪个更容易呢?

512. 游戏淘汰赛

狼、老虎和狮子玩游戏,谁一定会被淘汰?

513. 天的孩子

天的孩子叫什么?

514. 被43除尽的整数

三张分别写有2、1、6的卡片,能否排成一个可以被43除尽的整数?

515. 在丛林间穿梭

人猿泰山拉着树藤在丛林间穿梭时,为什么要扯着喉咙大叫?

516. 谁叫谁起床

每天早上是公鸡叫太阳起床,还是太阳叫公鸡起床?

517. 诸葛亮活着

如果诸葛亮还活着,世界现在会有什么不同?

518. 食物打架(一)

巧克力和西红柿打架,巧克力赢了。(打一食品名)

519. 食物打架(二)

(接上题)巧克力和鸡蛋打架,巧克力又赢了。(打一食品名)

520. 食物打架(三)

(接上题)巧克力和西红柿、鸡蛋同时打架,巧克力又赢了。(打一食品名)

521. 食物打架(四)

(接上题)巧克力和鸡蛋又打架,巧克力又赢了。(打一食品名)

522. 小白的哥哥

小白很像他的哥哥，为什么？

523. 冰海中的狼

有一只狼来到了北极，不小心掉到冰海中，被捞起来时变成了什么？

524. 名叫丹丹

丹丹是小狗的名字还是小老虎的名字？

525. 红豆的孩子

红豆的孩子是谁？

526. 最白痴的鱼

什么鱼最白痴？

527. 最聪明的鱼

什么鱼最聪明？

528. 洗手的盆

洗脸的叫脸盆，那洗手的叫什么呢？

529. 神的交通工具

神的交通工具是什么？

530. 哪一个轮胎不转

汽车在右转弯90°时，哪一个轮胎不转？

531. 呵斥小偷

一名警察、一名医生、一名老师、一名大学生一起出门,在路上看到一个小偷在偷东西,是谁挺身而出呵斥了小偷?

532. 水果的温度

什么水果温度最高?

533. 长途汽车

小白、小黄和小蓝坐长途汽车,谁会晕车?

534. 星星有多重

星星有多重?

535. 鹿和鸡

为什么鹿和鸡是亲戚?

536. 数字

数字30~50的哪个数字比熊的大便厉害?

537. 食人族的酋长

食人族的酋长吃什么?

538. 酋长病了

有一天,食人族的酋长病了,医生告诉他要吃素,那他吃什么?

539. 任人摆布的大帅

在什么地方大帅可以任人摆布?

540. 牙不在嘴里

什么牙不长在嘴里?

541. 一举两得

什么叫一举两得?

542. 巧猜数字

一个数去掉第一位数字是13,去掉最末位数字是40,请问这个数是几?

543. 吃西瓜不吐籽

大雄练就了"吃西瓜不吐籽"的绝招,他到底是怎么练成的?

544. 地板上的鸡蛋

有个蛋商,在空房间的地板上放置四个蛋。然后用一个铁制的大滚筒,推压整个房间,蛋却一个都没有破。这是为什么?

545. 象棋与围棋

象棋与围棋的区别是什么?

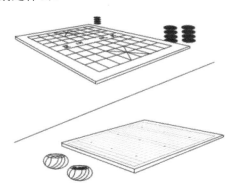

546. 船沉入海

有一艘船限载 50 人,船上已有 49 人后,一个孕妇上了船,结果船沉入海中,为什么?

547. 不能坐的车

什么车坐不了?

548. 拖泥带水

阿勇做事总是拖泥带水,但上级部门却总是表彰他,这是为什么?

549. 侨居夫妇

一对侨居意大利的中国夫妇,某天太太到市场买鸡腿,因为她不懂意大利语,只好学鸡叫,再指指自己的腿部,老板看懂了;后来她想买猪肉,却回家叫丈夫来,为什么?

550. 信里的照片

远在外地工作的小张寄了封信回家,里面还夹了一张照片,但为什么他家人收到信后却迟迟不打开看呢?

551. 章鱼的手脚

用什么方法可以分辨章鱼的手和脚?

552. 剪绳子

一根绳子在当中被一刀剪断了,但它仍是一根完整的绳子,为什么?

553. 比赛中场

足球比赛中间休息的时候,爸爸问他的儿子:"放在右脚旁边而左脚碰不到的是什么东西?"儿子灵机一动就答对了,你知道是什么吗?

554. 四字成语

数字3走在路上,走着走着它翻了一个跟斗,不一会儿它又翻了一个跟斗。(打一四字成语)

555. 最糟糕的童话

很多人都说《最糟糕的童话》这本书不好看,为什么还有那么多的人去买来看呢?

556. 最赚钱

哪一种写作最赚钱?

557. 动物园失火

如果动物园失火了,最先逃出来的是哪种动物?

558. 百米高空

一个人站在100米的高空向下扔鸡蛋。为什么鸡蛋掉了100米而它却还没有破?

559. 同时升降

有一种东西,上升的同时会下降,下降的同时会上升,这是什么呢?

四、巧问妙答

560. 法国人的笑声

法国人的笑声与我们有什么不同?

561. 最黑暗的人物

世界上最最黑暗的动漫人物是谁？为什么？

562. 放大镜

放大镜不能放大的东西是什么？

563. 蚂蚁旅行

一只蚂蚁居然从四川爬到了东京，可能吗？

564. 放砂糖的罐子

明明是放砂糖的罐子，却贴上标签"盐"，作用何在呢？

565. 一山可容二虎

什么情况下一山可容二虎？

566. 猜拳

有三个小朋友在猜拳，一个出剪刀，一个出石头，一个出布，请问三个人共有几根指头？

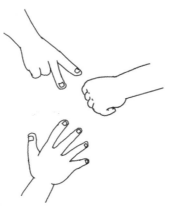

567. 不打不相识

不打不相识，打两字称谓。

568. 土豆和包子决斗

土豆要去和包子决斗，可是前面有一条河，它过不去。(打一蔬菜)

569. 猜水果

有一种水果,没吃之前是绿色的,吃下去是红色的,吐出时却是黑色的,请问这是什么水果?

570. 红豆前的猪

一头猪走到红豆面前,说:"加油!"(打一食品)

571. 蔬菜决斗

决斗开始了,土豆捅了包子致命的一刀。(打一食物)

五

目瞪口呆

572. 会说话的蛋

什么蛋会走会跳还会说话？

573. 什么关系

小明班上有两个小男孩，他们长相相似，父母的名字相同，出生地点和年份也都一样，但他们却不是双胞胎，也不是三胞胎、四胞胎……请问他们到底是什么关系？

574. 打架

酱油和醋打架了，引来了一群围观者，醋得意扬扬地说："哈哈，太好了，这么多人都来帮我了！"其实这些人根本不认识醋，醋为什么说都是来帮他的呢？

575. 跳水运动员

胖胖是个颇有名气的跳水运动员，可是有一天，他站在跳台上却不敢往下跳。这是为什么呢？

576. 当的什么官

小明的爸爸只当了一次官，而且只当了一天。可是因为当了那次官，闹得他每天都要掏腰包。他当的是什么官？

577. 不判刑

六条命葬送在小张的手上，为什么他没被判死刑？

578. 死亡率最高的地方

全世界死亡率最高的地方在哪里？

579. 看病

妈妈带小明去找王医生看病,王医生没有向小明妈妈征求任何意见就给小明做了手术,这是为什么?

580. 天天打架

什么人天天打架还不受处罚?

581. 两倍

小明养了一些黑金鱼和一些红金鱼,这些金鱼大小都差不多,食量也差不多。过了一段时间,小明说,红金鱼吃掉的饲料是黑金鱼的两倍,这是为什么?

582. 老鼠

老鼠的繁殖能力惊人,如果一只母鼠每个月生产一次,一胎生 12 只小老鼠,小老鼠长到两个月时有繁殖能力。请问,现在开始饲养一只刚出生的老鼠,一年后会变成多少只?

583. 兵法

小明的爷爷熟读兵书,每次下象棋都会输,因为他运用了一种兵法。请问是什么兵法?

584. 相距 10 米

小明和小刚家相距只有 10 米,只要从窗户里探出头,就可以交谈,但是从小明家到小刚的家里却要走 10 多分钟,这是为什么呢?

585. 地心引力

牛顿在苹果树下被苹果击中,发现了地心引力;如果你坐在椰子树下,被椰子打中,你会发现什么呢?

586. 吐舌头

丽丽为何一天到晚吐舌头？

587. 买卖茶叶蛋

早上，玲玲到刘大妈那儿买茶叶蛋，5角钱一个，玲玲给了她1元钱想买两个，刘大妈却不卖，这是怎么回事？

588. 驾驶汽车

一位司机上了他驾驶的汽车后，做的第一个动作是什么？

589. 数字大小

什么时候5比0大，0比2大，而2又比5大？你知道是怎么回事吗？

590. 捡米

如何把撒在地上的米快速捡完？

591. 苍蝇和蜜蜂

苍蝇和蜜蜂的最大差别在哪里？

592. 喜欢

有一种人，他不喜欢你，还不让你喜欢别人，这个人是谁呢？

593. 嫌衣服多

女人一般总会嫌自己的衣服少，你知道什么时候她们才会嫌自己衣服太多吗？

594. 暴揍

如果你特别想暴揍某个人，怎么打他才能让他既无怨言又心存感激？

595. 他是谁

每个女孩心中都有这样一个男人：他话不多，却总是让女孩牵挂；有时候工作、学习都没心思，总想他现在在哪里，顺利不顺利；虽然他也曾惹你生气，但女孩真的很需要他；有时他来找女孩，只要一个电话，女孩不管多忙，总会放下手中的工作来到他的面前……请问他是谁？

596. 起义

当年吴广找陈胜提议一共举兵抗秦，陈胜曾犹豫过。他问吴广："抗秦这事儿吧，说好听是起义，说白了就是造反。你要造反一个人嘛，为什么非拉着我？"

吴广说:"我寻思过了,我一个人造反不合适。"
你知道这是为什么吗?

597. 要火柴

太太吃完饭后向先生要火柴,先生殷勤地掏出名牌打火机,却被太太瞪了一眼,为什么?

598. 蒙面猜人(一)

一天,小明和朋友玩蒙面猜人游戏,朋友摸到了小明,说:"你是小明。"小明说:"你错了,你看我脚下,我站在碟子上,你不能叫我小明。"你知道应该叫他什么吗?

599. 蒙面猜人(二)

一天,牛顿和朋友玩蒙面猜人游戏,爱因斯坦摸到了牛顿,说:"你是牛顿。"牛顿说:"你错了,你看我脚下,我站在1m×1m的地砖上,你不能叫我牛顿。"你知道应该叫他什么吗?

600. 小肚腩

如何用一周的时间和你的小肚腩说再见?

601. 共同点

男生和女生有什么共同点?

602. 狼吃小羊

有三只小羊遇到了一只大灰狼,只好跑到地铁上躲了起来,大灰狼也跟着跑了进去。请问,大灰狼会吃掉几只小羊?

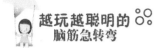

603. 级别

需要达到什么级别能拥有自己单独的带大窗户的办公室,还可以很牛地呵斥很多人?

604. 猛喝水

小张的肚子明明已经胀得受不了了,为什么他还要不停地猛喝水?

605. 打虎看什么

打狗看主人,打虎看什么?

606. 被蚊子咬的包

阿明被蚊子咬了一大一小两个包,请问较大的包,是公蚊子咬的,还是母蚊子咬的?

607. 煮蛋

煮 1 个蛋要 4 分钟,煮 8 个蛋要几分钟?

608. 糖与醋

糖与醋有什么不同?

609. 买不到的纸

什么纸买不到?

610. 不怕被解雇

有一个人一年才上一天班,还不怕被解雇,他是谁?

611. 小明的工作

小明只要一工作,就忙得团团转,请问小明是做什么工作呢?

612. 小狗变大

小狗怎么样才能一下子变大呢?

613. 中国人

在什么时候更确定自己是中国人?

614. 花多少钱

家在北京的老王想去上海,要花多少钱?

615. 两个硬币

怎么用两个硬币遮住一面镜子?

616. 龟兔赛跑

龟兔赛跑总是乌龟赢,兔子应该坚持比哪一项目,才能赢得了乌龟?

617. 姐妹的生日

姐姐叮叮和妹妹当当是双胞胎姐妹,但每年却是先过妹妹的生日,然后再过姐姐的生日,为什么呢?

618. 去超市

为什么人们要去超市?

619. 一块钱买牛

一块钱可以买几头牛?为什么?

620. 安全的地方

某个动物园中,有两只狮子利用管理员一时疏忽忘记给笼子上锁的机会逃了出来,在公园内窜来窜去。人们一边避险,一边找管理员,而管理员却躲到一个更安全的地方。此地为何处?

621. 丢钱

小明早上丢了19元钱,之后又捡了8元钱,今天小明丢了多少元钱呢?

622. 鸡蛋壳

鸡蛋壳有什么用处?

623. 下雨出门

下雨要带多少钱才能出门呢?

624. 增加一点

有一样东西不管你喜欢与否,它每年一定要增加一点,这是什么东西?

625. 10个阿拉伯数字

10个阿拉伯数字中,哪个数字最勤劳,哪个数字最懒惰?

626. 打成重伤

有人被西红柿打成重伤,这是怎么回事?

627. 肿的脸颊
一天早上，老师发现一个男孩的右脸颊肿了，最可能的原因是什么呢？

628. 金星闪烁
什么时候金星看起来就像在你的眼前闪烁？

629. 桌前读书
小可坐在桌前读书，为什么不开台灯也能看见？

630. 不会游泳的人
一个不会游泳的人掉进了水里却没有淹死，为什么？

631. 战场上的子弹
战场上，子弹最密集的地方在哪里？

632. 去网吧
一个人去网吧，碰上一个同学带着两个朋友，各带着四个小孩，小孩各带着两个朋友，问多少人去了网吧？

633. 不能玩的球
什么球不能玩？

634. 无祖先和后代的动物
什么动物既没有祖先又没有子孙？

635. 让人疼痛的光
什么"光"会给人类带来痛苦？

636. 乘车
什么车乘的人最少？

637. 钻钱眼
钻进钱眼里的人最终会怎么样？

638. 冰凉的心
人死后为什么变得冰凉？

639. 马吃车
老王的马把老张的车吃了，这是怎么回事？

640. 鸡的妈妈

鸡的妈妈是谁?

641. 凤梨罐头

三位兄弟分食一罐重达 320 克的凤梨罐头。因为不易平均分成三等份,所以两位哥哥各吃 100 克,剩下的 120 克全部给弟弟,但是正想去吃的弟弟突然变得十分生气。这究竟是为什么?

642. 新音响没声

马亚买了新音响,电源开了,录音带也放了,为什么没有声音呢?

643. 最大号的帽子

寒冷的冬天,在机场里戴最大号帽子的人是谁?

644. 后天指什么

先天是指遗传的天性,那么后天是指什么?

645. 扔石头砸玻璃

丁丁拿着块石头向玻璃砸去,玻璃却没碎。为什么?

646. 三条虫子

有三条虫子,排队向前走,最后一条说我前面有两条虫,最前面那条说我后面有两条虫,为什么中间那条却说我前面后面都没虫呢?

647. 吝啬鬼

小明是一个吝啬鬼，他的眼睛好好的，为什么还要去学习盲文呢？

648. 像猫又像虎

有种动物，大小像只猫，长相又像虎，这是什么动物？

649. 康熙字典

堂堂的中央图书馆，却没有明版的《康熙字典》，这是为什么？

650. 最好闭眼的时间

人在做哪一件事的时候，最好闭上眼睛？

651. 衣服衣扣

别人和阿丹说她的衣服怎么没衣扣，她却不在乎，为什么？

652. 穷人和富人的区别

穷人和富人在什么地方没有区别？

653. 最不听话的人

最不听话的人是谁？

654. 花力气

打什么东西，不必花力气？

655. 浴室洗澡

进浴室洗澡时，要先脱上衣还是先脱裤子？

656. 时间停止

如果时间停止了，你会干什么？

657. 客车事故

一辆客车发生了事故，所有的人都受伤了，为什么小明却没事？

658. 最值钱的东西

超市里最值钱的东西是什么？

659. 吞钥匙

不小心把钥匙吞到肚子里了，该怎么办？

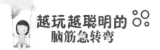

660. 车祸现场

车祸发生不久,第一批警察就赶到了现场,他们发现司机完好无损,翻覆的车子内外血迹斑斑,却没有见到死者和伤者,而这里是荒郊野外,并无人烟,这是怎么回事?

661. 鸡生蛋

5只鸡5天生了5个蛋。100天内要100个蛋,需要多少只鸡?

662. 猪当裁判

龟兔赛跑,请猪来当裁判,请问龟兔谁会赢?

663. 填字

在"不、仁、王、0、吾"的"0"位置,应当填写"东、南、西、北、中"的哪个字?

664. 打不烂的碗

什么碗打不烂?

665. 下雨天

下雨天三个人在街上冒雨行走,为什么只淋湿了一个人?

666. 没人伸手拦车

小王开着空计程车出门,为什么一路上都没有人向他招手拦车?

667. 买一送一

喝可乐可以再来一罐,买洗衣粉也可以买大送小,请问什么店不能实行买一送一?

668. 同班

小红与妈妈在同一个班里上课,这是为什么?

669. 刻字先生

有一位刻字先生,他挂出来的价格表是这样写的:刻"隶书"4角;刻"仿宋体"6角;刻"你的名章"8角;刻"你爱人的名章"1.2元。那么他刻字的单价是多少?

670. 暑假比寒假长

为什么暑假比寒假长?

671. 胃病

老张有很厉害的胃病,可他每周有5天总往牙科跑,这是为什么?

672. 当正经理

小明的爸爸是个好经理,可大家却说他永远都当不了正经理,为什么?

673. 看月亮

什么地方看到的月亮最大?

674. 朝东走

为啥小明的家在西边，而他却朝东走？

675. 最贵的酒

什么酒价格最贵？

676. 闪电雷声

为什么先看见闪电后听到雷声？

677. 熊宝和熊妈

有只小北极熊早上醒来后一直追问熊妈妈，它是不是一只小浣熊，它妈妈回答："你当然是北极熊"，可是为什么它还是不相信？

678. 冰冻不化

世界上什么地方长年冰冻不化，而且完全不受四季变化的影响？

679. 驾校考试

小王、老李、小江、老郭、小张、老金、小赵和老杨八人在一次驾校考试中抽到了曲线行驶(过 S 弯)，问：谁最终没有通过？为什么？

680. 自由自在

有一个东西，没有脑袋，也活得自由自在，它绝对不是鬼，是什么呢？

681. 水皱眉

什么东西能使水见了它就皱眉头？

682. 很快消失的花

什么花很快就不见了？

683. 过桥

过一座桥需要 10 分钟，守桥人每隔 5 分钟就要巡逻一次，发现有人过桥，就会令其返回。请问用什么办法才能通过此桥？

684. 只印一份的报

什么报只印一份？

685. 满屋走的东西

什么东西满屋走，但碰不着物件？

686. 收服人类

黄眉怪把唐僧三人和众天兵神将都装进袋中，悟空垂头丧气。你知道目前为止装人最多的是什么吗？

687. 出生入死

什么地方能出生入死？

688. 不怕用完的东西

什么东西人用完了很快会回来？

689. 来不了

将要来却永远来不了的是什么？

690. 有风不动无风动

什么东西有风不动无风动，不动无风动有风？

691. 从头做起

做什么事要从头来？

692. 袋鼠与猴子

袋鼠与猴子比赛跳高。为什么还没开始跳，袋鼠就输了？

693. 不眨眼睛

张飞可以连续几个小时不眨眼睛，你知道他是怎么做到的吗？

694. 终点的绳子

在一次 3000 米赛跑比赛中，甲、乙、丙三人同时用手触到了终点的绳子，究竟判谁得胜呢？

695. 垂危的病人

一向莽撞的小明在一个生命垂危的病人面前还要伸出自己的拳头，他为什么要这么做呢？

696. 屎壳郎

屎壳郎一家正在饿肚子，小屎壳郎问妈妈："我听说人类有个词叫画饼充饥，我们就不能也这样做吗？"屎壳郎妈妈无奈地说："画倒是能画，就是画出来以后只能长力气，不解饿。"你知道这是为什么吗？

697. 白头发

为什么白头发拔一根会长很多根？

698. 自称

道士一般自称贫道。那爱看电影的道士该如何自称呢？

699. 拉屎

不能当着苍蝇的面拉屎，你知道这是为什么吗？

700. 跳楼

小明和小鸟一起跳楼，为什么小鸟死了而小明却没死呢？

701. 一加一

1+1 不是 2、不是王、不是 11，那是什么呢？

702. 倒霉

踩到什么比踩到大便更倒霉？

703. 难过

什么东西越长越细越难过，越短越粗越好过？

704. 成为富翁

如何做才能一夜之间成为百万富翁呢？

705. 最怕什么

从天上飞着的飞机里跳出来，最怕遇到什么情况？

706. 奇怪的事物

什么东西从屁股里面排出来，还能当食物吃？

707. 容易戳穿的牛皮

有一种牛皮最容易被戳穿，是什么牛皮呢？

708. 倒胃口的事

吃苹果的时候，发现里面有一条虫子最让人倒胃口，那么有什么事比这更让人倒胃口的吗？

709. 爬高山与吞药片

爬高山与吞药片有什么不同之处？

710. 眉毛长眼下面

有什么办法能使眉毛长在眼的下面？

711. 让麻雀安静下来

怎么使麻雀安静下来？

712. 倒霉的老鼠

一只老鼠有四只脚，一次出门时，碰到一堆很大的屎，不得不从上面走过去，但却留下三只脚印，请问这是为什么？

713. 秃头的好处

请问秃头的最大好处是什么？

714. 玩游戏

小朋友们都喜欢做游戏，为什么小明却从来不参加呢？

715. 最有同情心的人

世界上最富有同情心的动漫人物是谁？为什么？

716. 老师提问

大勇向小伙伴们吹嘘说:今天上课的时候,老师提了一个问题,全班除了他没有一个人能答对。

你猜老师问的是什么问题?

717. 天文知识

小明的爷爷是天文学家,可对有些星的知识却不如小明知道得多,这是为什么呢?

718. 谁腿长

金、木、水、火、土,谁的腿长?

719. 称象的方法

曹冲想出了称象的法子却仍然称不出大象的重量,这是为什么呢?

720. 大窟窿

远看是小灯笼,近看是大窟窿,这是什么东西?

721. 银河系里的星星

太阳系里有一颗星球很大,不用借助天文望远镜我们就可以看得很清楚,请问这颗星球是什么呢?

722. 牛吃草

有一棵树,在距树7米的地方有一堆草,有一头牛用一根3米的绳子拴着,最

后这头牛把这堆草全吃光了,请问为什么?(注意这头牛体长不足2米)

723. 通缉犯

一个通缉犯跑到美容院,一个整容师给他整了容,但整容后一出门就被警察抓住了,这是为什么?

724. 防止被狗咬

如何防止被狗咬?

725. 猫变小

佳佳和小猫玩得正高兴,突然她看见小猫变得越来越小了,为什么?

726. 坐吃山空

大富翁快要死了,却担心不成器的儿子们坐吃山空,他该怎么办才好?

727. 比0大比1小

数字0到1之间加一个什么号,才能使这个数比0大,而又比1小呢?

728. 举地球

孙悟空神通广大,降妖伏魔不在话下,那孙悟空能把地球举起来吗?怎么举?

729. 露天演唱会

在某个明星举行的露天演唱会上,观众对演唱会的表演极不满意,却又掌声不断,为什么呢?

730. 越削越大的东西

什么东西越削越大?

731. 袜子上的洞

刚买的袜子为什么会有一个洞?

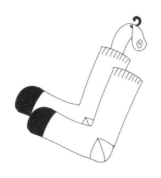

六

咬文嚼字

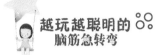

732. 无药可救

小明没有得绝症,为什么医生说他无药可救了?

733. 恐怖的手

什么样的手最令人恐惧?

734. 作假

我们都不喜欢别人作假骗我们,但是有一件事例外,唯一被允许的作假并且作假越高明越受到称赞的事情是什么呢?

735. 跨过去

一棵小草一盆小花我们很容易就能跨过去,一棵大树我们要怎样才能轻而易举地跨过去呢?

736. 仿冒

老王是一个出了名的仿冒大王,为什么他能逍遥法外呢?

737. 上面

将军的上面是什么?

738. 破了才开心

什么东西在不破的时候犯愁,破了人们才会开心?

739. 没有落地

一个运动员从5000米高空处的飞机上跳下,但等了很久也没有落到地面上,这是为什么呢?

740. 下车的人数

一辆巴士上有6名乘客,中途下去5人,又上来3人,请问到了终点站,下车的人数有几个?

741. 读书

小明从初一到初三只读了一本书,妈妈还夸奖他努力,这是为什么?

742. 钻头

一把电钻,钻头长4厘米,这个钻头以每十秒钻进墙里1厘米的速度在墙上钻孔,请问过了30秒后,钻头还有多长?

743. 袋子里的苹果

小丽和妈妈共买了 8 个苹果，妈妈让小丽把这些苹果装进 5 个袋子中，要保证每个袋子里的苹果个数都是双数，你能做到吗？

744. 几个字

国歌一共几个字？

745. 露一手

必须露一手的是什么人？

746. 上厕所

上完厕所，要用左手还是右手擦屁屁比较好？

747. 真药和假药

老陈卖的明明是真药而不是假药，为什么会被判重刑？

748. 孔子

孔子是我国最伟大的什么家？

749. 被人放鸽子

被人家放了鸽子还很高兴的是谁？

750. 踏上新大陆

拿破仑踏上新大陆第一步后做的事情是什么？

751. 黑板上的"9"

老师在黑板上写上 9，问：9 能被 3 除尽，还能被什么除尽呢？

752. 一起打坐

一位高僧和一名屠夫一起打坐，但是为什么屠夫比高僧早开悟呢？

753. 10只小鸟

一个笼子里养了10只鸟，小马开枪打死了3只，请问还剩多少只小鸟？

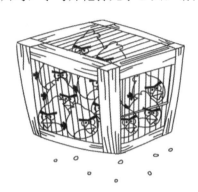

754. 逃走的犯人

监狱里关着两名犯人，一天晚上犯人全都逃跑了，可是第二天看守员打开牢门一看，里面还有一个犯人，这是怎么回事？

755. 男人女人

先有男人，还是先有女人？

756. 可大可小

一个可以大也可以小的地方是哪里？

757. 谁没出息

一家有三兄弟，老大、老二、老三，谁最没出息？

758. 先有国先有家

先有国还是先有家？

759. 没有方向感

哪种动物最没有方向感？

760. 电话用户

哪里的电话用户最忙？

761. 想去哪

有手机的人最愿意去哪里？

762. 淋死人的雨

什么雨猛到可以淋死人？

763. 不用电

什么人不用电？

764. 回家时间

小王因工作需要经常交际应酬，虽然每天都很早回家，可妻子还是抱怨不断，这是为什么？

765. 学得好的科目

有个冰淇淋去应聘面试，考官问他：你在学校里什么科目学得最好啊？冰淇淋想了半天，冷汗直流。你知道他学得最好的是什么吗？

766. 不是盖的

一名促销员站在店门口大声吆喝："走过路过不要错过，我们家的商品物美价廉，绝对不是盖的！"不知为何，喊了一整天，也没有客人来买东西。你知道为什么吗？

767. 头上拉屎

在你头上拉屎的未必是你的敌人，还可能是谁？

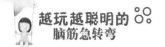

768. 最老实的植物

什么植物最老实？

769. 永远是湿的

泰坦尼克号上的船员身上什么地方永远都是湿的？

770. 目标实现

老王说，他这辈子的奋斗目标就是买东西时可以不用看价钱。通过十年如一日不懈的努力，他终于实现了这个目标。你知道他是怎么实现的吗？

771. 被杀的狗

有位富豪得罪了生意上的竞争对手，对方扬言要干掉他。这天，富豪回家，进屋发现他的爱犬被人杀了。旁边一个职业杀手冲他说了一句话就走了。

你知道杀手说的是什么吗？

772. 不会无聊

和什么人在一起永远不会感到无聊？

773. 不可救药

"不可救药"这个成语在什么时候用最准确？

774. 缄口不语

有位爱说大话的人随旅行团去海南，一路上废话连篇。可是，当人们纷纷赞美海口市时，他却缄口不语。你知道他为什么会一反常态吗？

775. 变成鬼

一个人正常人喝什么东西可以变成鬼？

776. 孤枕难眠

孤枕难眠该怎么办才好？

777. 闹鬼

一名女生走进了一间传说中闹鬼的厕所，发现厕所门竟然真的推不开，你知道这是为什么吗？

778. 钢铁侠

钢铁侠死后会变成什么？

779. 姐妹两人

有两个小女孩长得一模一样,生日也完全一样,问她们是姐妹吗,她们说是,问她们是双胞胎吗,她们又说不是,请问为什么呢?

780. 脚上的痣

脚上有痣的人为什么都很聪明?

781. 电影名

杨幂的嘴被胶布贴住。(打一电影)

782. 谁的车

如果有辆车,巴菲特在开,索罗斯在后排看电脑,请问这是谁的车?

783. 人不怕鬼

夜黑风高的晚上,小李遇见鬼,为什么鬼反而吓得落荒而逃?

784. 物理理论

促膝而谈。(猜一个物理理论)

785. 写不好的字

永远也写不好的字是什么字?

786. 太阳和月亮

太阳和月亮一起出现是在哪一天?

787. 区分东南西北

怎么区分东南西北?

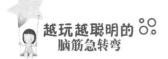

788. 补水

人在不饥渴时也需要的是什么水?

789. 走后门

人们为什么总爱走后门?

790. 缩一只脚睡觉

为什么白鹭总是缩着一只脚睡觉?

791. 吞吞吐吐

金太太一向心直口快,可什么事竟让她突然变得吞吞吐吐了呢?

792. 推车和挑担

一个推车的,一个挑担的,同时要过独木桥,一个南来,一个北往,有什么办法让他们同时过?

793. 哪种昆虫不贪钱

蚂蚁、蜜蜂和蜈蚣,哪一种昆虫最不贪钱?

794. 最可怕的钉子

什么钉子最可怕?

795. 交通最发达的城市

世界上哪座城市的交通最发达?

796. 正中间

太平洋的正中间是什么？

797. 三个英文字母

满月、半月、残月。(打三个英文字母)

798. 书中的毛病

什么书中毛病最多？

799. 哪个连人最多

哪个连的人最多？

800. 拖东西

拖什么东西最轻松？

801. 不偷东西的贼

什么"贼"不偷东西，专门卖东西？

802. 人最多的寨子

哪个寨子的人最多？

803. 最危险的票

什么票最危险？

804. 不能睡的床

什么床不能睡？

805. 不伤人的枪

什么枪可把人打跑却又不伤人？

806. 没电也能看电视

为什么停电了还能看电视？

807. 背书

小狗和小兔去老师那里背书，为什么老师让小狗先背？

808. 白猫和黑猫

从前，有一只白猫和一只黑猫，一天白猫掉到水里去了，黑猫把它救了上来。

白猫对黑猫说了一句话，这句话是什么？

809. 一根火柴棒

有一天，有一根火柴棒它的头很痒，就去抓，头就烧起来了。然后它被送去医院，从急诊室出来之后，它变成什么了？

810. 了解鸟类

谁最了解鸟类？

811. 出生季节

小强是春天生的，为什么他每次过生日都在冬天？

812. 一颗心

一颗心值多少钱？

813. 铅笔姓什么

铅笔姓什么？

814. 男人秃头

用什么词形容男人秃头，男人不会生气？

815. 吃鸡蛋

空着肚子能吃几个鸡蛋？

816. 青蛙跳得比树高

为什么青蛙可以跳得比树高？

817. 上课的学生

今天上午只上了半天课，学生们高兴吗？

818. 咖啡杯子

一个盛满咖啡的杯子，里面放一枚硬币却没有湿，为什么呢？

819. 小花的高度

小花站起来和饭桌一样高，两年之后，反而在桌子下可以活动自如，为什么？

820. 下午比早晨先到

世界上哪个地方下午比早上先到？

821. 公厕

小张去了一下公厕,当管理人员找他收费5角钱时,他给了一张1元的,管理员说找不开。你说最简单的解决办法是什么?

822. 借东西

你曾借了什么东西至今都没还过?

823. 太阳哪去了

晴朗的天空,为什么会没有太阳?

824. 公鸡和母鸡

一只公鸡加一只母鸡。(猜三个字)

825. 猜成语

小马哥的爸爸在市立图书馆工作。(打一成语)

826. 第十一本书

第十一本书。(打一成语)

827. 实际年龄

上次汤姆过生日是7岁,下次他过生日是9岁,这是怎么回事?

828. 关不上的门

什么门永远关不上?

829. 不能缝衣服的线

什么线能吃却不能缝衣服?

830. 最早的姓氏

中国人最早的姓氏是什么?

831. 吃得多

中国人和日本人谁吃得比较多?为什么?

832. 唱歌不得奖

小明很会唱歌,却不能得奖,为什么呢?

833. 双手做事情

做什么事情一定要双手才能做到呢?

834. 看不到花开

什么样的花开了却看不到?

835. 凶狠的强盗

一个很凶狠的强盗上了车之后,却突然变得老实起来了,为什么呢?

836. 偷天换日

有个日子很有意思,竟然可以偷天换日,还不会出现任何问题!这是什么日子啊?

837. 羊过独木桥

有一个独木桥,桥的一端有一只老虎准备过桥,桥的另一端有一只狼也准备过桥,在桥中间有一只羊正在过桥,羊怎么过去?

838. 启动车子
小明启动了汽车，轮子也动了很长的时间，可是车子为什么不前进呢？

839. 棉花和铁
天平的左边是1吨棉花，天平的右边是1吨铁，为什么棉花那边会下沉？

840. 鱼的新家
鱼的老家在水里，它的新家在哪里呢？

841. 卡通人物
哪个卡通人物最胖？

842. 斤斤计较
什么人最爱斤斤计较？

843. 布跟纸怕什么
布跟纸怕什么？

844. 三分熟的牛排
一天，一块三分熟的牛排在街上走着，突然它在前方看到一块五分熟的牛排，它们为什么没打招呼？

845. 拳手
老张是出了名的拳手，为什么一戴上拳击手套反而让对手三下两下打下台去了？

846. 交叉道
为什么阿军开车遇见交叉道从不停车也没人管？

847. 四通八达的路

有一种路虽然四通八达，但就是不能走人，为什么？

848. 卖价高

什么东西卖的价格越高越容易成交？

849. 小白加小白

小白加小白等于什么？

850. 买鞋

谁经常买鞋自己不穿却给别人穿？

851. 用手停车

小明为何用一只手就能让一辆飞驰的汽车停下来？

852. 哪儿的东西不便宜

中国哪个省的东西最不便宜？

853. 和风打架

千万不要和风打架，就算你武功高，风没伤到你，也很不好。你知道这是为什么吗？

854. 不时尚

话梅、杨梅、草莓，谁的打扮最不时尚？

855. 天然气停了

老公正做着晚饭，突然天然气停了，就冲客厅里的老婆喊："老婆，快想我一下。"

天然气停了，老公为什么要老婆想他一下呢？

856. 猫哭了

一只饥肠辘辘的耗子半夜出来偷米吃，一下子就被守候在米袋子旁边的猫给逮住了，可是这只猫定睛看了一眼耗子，"嗷呜"一声就哭了，你知道这是为什么吗？

857. 卖与不卖

为什么我喝多了酒吧就不愿再卖酒给我，而麦当劳却一直卖汉堡给胖子们？

858. 无声无息

风吹过我们还会有感觉呢,谁离开却真的是悄无声息呢?

859. 卖报纸

今天卖报的老吴卖了 100 份报纸,但只收入几角钱,为什么?

860. 演奏音乐

在殡仪馆,送遗体时最不该演奏的音乐是什么?

861. 很淡

有个人叫石坚,他无论冲咖啡、冲奶粉、冲果珍,还是冲其他的东西,都会很淡。这是为什么?

862. 容易发生

在机场最容易发生什么事?

863. 家电跑步

所有家用电器比赛跑步,谁速度最快?

864. 体育强势

为什么中国女子跳水这么厉害,而男子乒乓球那么强势?

865. 面试成功

黑猫和白猫一起去面试,哪个会成功?

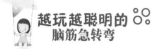

866. 喝汽水

什么时候你会想喝汽水呢?

867. 令人扫兴

吃什么东西最令人扫兴呢?

868. 十分漂亮

小吴称赞女朋友的新衣服"十分漂亮",但却被女友打了一顿,为什么?

869. 两名歹徒

警察面对两名歹徒,但他只剩下一颗子弹,他对歹徒说"谁动就打谁",结果没动的反而挨了子弹,为什么?

870. 让人吓一跳的书

小华在偷偷地看一本书,妈妈看了后不生气,反而吓了一跳,为什么?

871. 没带钱

在餐厅中吃完饭发现没带钱,该怎么办?

872. 长寿之道

最简单的长寿之道是什么?

873. 哪种皮较差

象皮、老虎皮、狮子皮,哪一个比较差?

874. 先穿鞋再穿袜

什么时候先穿鞋再穿袜子？

875. 学生证掉了

芳芳在学校门口将学生证掉了，她该怎么办？

876. 拿护照

在机场办出境手续时，才想起忘了拿护照，怎么样才能在最短的时间里拿到护照呢？

877. 码放商品

什么库不能用来码放商品呢？

878. 打不开瓶盖

打不开瓶盖时，应该请谁来开瓶？

879. 7 个嘴巴

哪一种动物有 7 个嘴巴？

880. 下跳棋

3 名同学下跳棋，一共下了 45 分钟，问每名同学下了多长时间？

881. 加减乘除少一点

加减乘除少一点，是什么字？

882. 夜夜看落花

夜夜看落花。(打一礼貌用语)

883. 有脚却不走

什么东西有脚却不能走路？

884. 不能见光的东西

最不能在光天化日下见人的是什么东西？

885. 画绳子

画家喜欢画粗的绳子，不喜欢画细的绳子，这是为什么？

886. 各种奖项

金钟奖、金马奖、金像奖哪个对国家贡献最大？

887. 没有翅膀的鸡

什么鸡没有翅膀？

888. 动物园里有啥

家有家规，国有国规，那动物园里有啥？

889. 最坚固的锁

最坚固的锁怕什么？

890. 让人害怕的井

什么样的井让人害怕？

891. 各式花

什么花飘着开？什么花走着开？什么花空中开？

892. 靠运气赚钱

什么人每天靠运气赚钱？

893. 运气的营生

除了运煤气罐的工人，还有什么人每天靠运气赚钱？

894. 煮东西

买来煮了它，煮好丢了它，这东西是什么？

895. 加热凝固

加热会凝固的东西是什么？

896. 金牌得主

小张一百米跑 10 秒,小李一百米跑 11 秒,为什么最后得到金牌的是小李?

897. 只加不减

什么东西只会加,不会减?

898. 不怕东西大

什么东西不大,但却可以装下比它大得多的东西?

899. 死亡原因

由于什么原因死亡的人最多?

900. 透过一堵墙

能够使我们的眼睛透过一堵墙的是什么?

901. 四人打麻将

四个人在屋子里打麻将,警察来了,却带走了五个人,为什么?

902. 猜一句英文

猜一句英文:"ABABBBAAAAABBBABAAABBBBAABBBAAAAA……"

903. 世界大战

最早的世界大战发生在什么时候?

904. 送走小猪

有一只小小猪,它的妈妈不喜欢它,想把它送走。

一天，猪妈妈带着小小猪去了一个很远的地方，那里连公交车都没有，结果第二天，小小猪回来了。

又一天，猪妈妈把小小猪丢到了一个很远很远的地方，那里连路都没有，结果过了几天，小小猪回来了。

再一天，猪妈妈带着小小猪去了一个很远很远很远的地方，那里什么都没有，一望无际。

结果你猜怎么了？

905. 谁赢了

一只兔子和一只跑得很快的乌龟赛跑，猜一猜谁赢啦？

906. 再次比赛

兔子不甘心，又和一只戴了墨镜的乌龟比赛跑步，这次谁赢啦？

907. 乌龟赛过兔子

在什么比赛中，乌龟肯定可以赢得过兔子？

908. 意见统一的时刻

请问一个宿舍的6个姑娘在买什么的时候意见最统一？

909. 高效捕蚊灯

一只蚊子顺时针绕着一个新买的而且没有任何质量问题的高效捕蚊灯打转，但一直不会被吸进去，为什么呢？

910. 钻进羊圈

一只狼钻进羊圈，想吃羊，可是它为啥没有吃羊？

911. 最小的岛

世界上最小的岛是什么？

912. 贪玩的孩子

为什么在白天孩子们总是很贪玩呢？

913. 找幸福

你在什么地方总能找到幸福？

914. 头疼

中学老师遇到什么事最头痛？

915. 乘电梯

小李乘电梯上 14 楼，中间没有停，用了 60 秒，下楼时中间也没有停，却用了 5 分钟，这是怎么回事？

916. 电灯开关

在没有停电、跳闸的情况下，为什么陈先生按了开关，电灯却没有亮？

917. 不用手拿

拿什么东西不用手？

918. 米的妈妈

米的妈妈是谁？

919. 米的爸爸

米的爸爸是谁?

920. 米的外公

米的外公是谁?

921. 不能吃的东西

猜猜什么东西,可以洗,不能晒,可以吃,不能吞?

922. 小偷的特征

小偷的特征是什么?

923. 左耳朵

大象的左耳朵像什么?

924. 乘车秋游

有20个小朋友去秋游,现在这辆车只能乘坐10个人,他们要怎么样才能乘上同一辆车一起出去秋游呢?

925. 免费旅游

谁可以享受免费旅游呢?

926. 煮不熟的菜

什么菜永远煮不熟?

七

岂有此理

927. 没有摔碎

一个汽水瓶从一米高的桌子上掉到水泥地上,却没有摔碎,请问这是为什么呢?

928. 考试

小明和小王在一次高考考试中小声交谈,却没有人阻止他们,为什么呢?

929. 有多长

一个人的小腿应该有多长?

930. 都说干净

什么球所有人都说它干净?

931. 体重

爸爸的体重是小明的两倍,但是他们两个人分别站在天平的两端时,天平竟然平衡了,这是为什么?

932. 买牛

小明家新买了一头牛,这头牛有四条腿,两只耳朵,两只眼睛,一条尾巴,请问喂什么?

933. 铅笔头

一根铅笔两个头,两根半铅笔一共有几个头?

934. 法宝

当年愚公移山,惹得玉帝震怒,派了两个神坐在太行、王屋两座山上。愚公想尽办法,也挪不走那两个神,于是求助于智叟。

智叟微微一笑,拿出一个宝物,晃了两晃,只见两个神被提到空中,带走了。

愚公赞叹道:"好厉害,这是什么宝物?"

智叟回答说:"这是咖啡!"

请问咖啡为什么这么厉害呢?

935. 不激动

一辆吉普车和一辆自行车一起去旅行,经过几天的长途跋涉,它们终于到达了目的地。看着眼前美丽而壮观的景色,吉普车异常兴奋,而自行车却一言不发。吉普车非常好奇。

你知道自行车为什么一点儿也不激动吗?

936. 猫吃老鼠

一只老猫吃过很多老鼠,可为什么从没有见过老鼠呢?

937. 一杆猎枪

一个猎人有一杆猎枪只能打1米远,一只兔子离他100米,为什么被他一枪打死了?

938. 神秘消失的司机

小胖在从图书馆回家的计程车上睡着了。突然他一觉醒来,发现前座的司机先生不见了,而车子却仍然在前进,为什么呢?

939. 鲜蛋

小明家里没有养鸡,也没有去买鸡,也没有人送鸡,为什么还能吃上鲜蛋?

940. 公鸡唱歌

为什么公鸡总是高兴地唱歌?

941. 被烧死

为什么说被烧死是最痛苦的一件事?

942. 闯红灯

一青年闯了红灯,交警威严地走上前,说:罚款50元!青年不情愿地掏出了钱,嘴里嘟哝着:神气什么,你早晚得落到我手里。你知道这个青年是什么单位的吗?

943. 强人

阿美在事业上并没有什么成就,为什么会有"女强人"的外号?

944. 诛九族

皇帝常常诛人九族来惩罚罪犯,为什么?

945. 目中无人

什么时候我们会目中无人？

946. 心跳的感觉

怎样才能使人有心跳的感觉？

947. 和老虎合影

动物园里，小明紧挨着老虎合影留念，老虎却没有咬他，为什么？

948. 不惧水火

什么东西放在火中不会燃，放在水中不会沉？

949. 克星

什么东西不怕布，只怕石头？

950. 两车相撞

在赛车比赛中不幸发生了事故，有两辆车相撞，车子完全撞烂，开车者却毫发无伤，为什么？

951. 不需要又不能没有它

有一样东西，你不需要它，却又不能没有它，"它"到底是什么东西？

952. 睁一只眼闭一只眼

阿忠是个哨兵，一天站岗时发现一个敌人偷偷地潜入进来，为什么他却睁一只眼闭一只眼？

953. 靠脑袋生活

什么人靠别人的脑袋生活?

954. 添油加醋

谁最喜欢添油加醋?

955. 永不会臭的鱼

贝贝的妈妈从外地买回一种鱼,无论放多长时间也不会臭。为什么?

956. 法国旅游

花花的法语不好,她去法国旅游时吃苦头了吗?

957. 罚站

上课的时候,同学们都坐着上课,但是小李却上每一节课都站着。为什么?

958. 最长的英语单词

英语里最长的单词是什么?

959. 伟人的共通点

古今中外的伟人,都有的共通点是什么?

960. 不休息的蝙蝠

哪种蝙蝠不用休息?

961. 保洁阿姨

保洁阿姨是什么人?

962. 武松犯罪

武松到底犯了什么罪被抓?

963. 见得最多的是什么
在船上见得最多的是什么？

964. 谁有很多胆
每人只有一个胆，你知道历史上哪个人的胆有很多吗？

965. 他要去哪儿
有一个人头戴安全帽，上面绑着一把扇子，左手拿着电风扇，右手拿着开水壶，脚上穿着溜冰鞋，请问他要去哪里？

966. 开得太快
什么汽车人们老是觉得开得太快？

967. 周三和周四
什么时候星期四在星期三的前面？

968. 洗澡用品
现在的女孩子为什么洗澡都喜欢用沐浴露，而不用肥皂了呢？

969. 下雨天的地
天上下着雨，为什么地面是干的？

970. 数学程度
刚上幼儿园第一天的小明，从来没学过数学，但老师却称赞他的数学程度是数一数二的，为什么？

971. 丢了的毛驴
有一个人丢了头毛驴却不去寻找，只是不停地喊"谢天谢地，谢天谢地"，这是为什么呢？

972. 加减法
"十六"加"十六"不等于"三十二"，等于什么？

973. 站着和躺着
一个字站着和躺着是一样的，这个字是什么呢？

974. 平衡跷跷板
在平衡的跷跷板两边分别放一个西瓜和冰块，重量相等。如果就这样一直放着，最后，跷跷板会向哪个方向倾斜？

975. 借书

小明有9本书，损坏了1本，借给了巴顿2本，小明还有几本书？

976. 大熊猫的遗憾

大熊猫一生中最大的遗憾是什么？

977. 彩色照片

请问熊猫怎样才能照出彩色照片？

978. 移动山和海

什么样的山和海可以移动？

979. 买与卖

有"卖"的，没"买"的，"卖"了之后不少的，是什么？

980. 蚂蚁的牙

蚂蚁的牙是什么颜色的？

981. 流浪狗

一只流浪狗，你知道它叫什么名字吗？

982. 暗处看不见

什么亮在暗处看不见？

983. 摔跤的狐狸

狐狸为什么会摔跤？

984. 每天坐飞机

为什么张华每天上班都要坐飞机？

985. 任人宰割

一个人在什么情况下，才处于真正的任人宰割的地步？

986. 出声破坏

你只要叫它的名字就会把它破坏，它是什么？

987. 常用的硬币

现在有两枚市面上常用的硬币，面值共为六角钱，其中有一枚不是一角钱，请问这两枚硬币面值各为多少？

988. 公鸡下的蛋

一只公鸡在尖尖的房顶上下了一颗蛋，它会往哪边掉呢？

989. 10＋4＝2

小明说：10+4=2，老师说对，为什么？

990. 一直朝北走

小张一直朝北走，走着走着他又没有转身可是却走到了正南方，为什么？

991. 天下雨

为什么天经常下雨呢?

992. 鱼缸换水

小强为什么没按照爸爸的嘱咐,给金鱼缸换水呢?

993. 人工心脏

为什么赌王老高自从换了人工心脏之后就不再赌了呢?

994. 抬高或垂下

有一个人,无论他叫你把头抬高或垂下,你都会照做,此人是谁?

995. 往后跑

哪项比赛是往后跑的?

996. 牢里的犯人

一间牢房中关了两名犯人,其中一个因偷窃,要关1年,另一个是强盗杀人犯,却只需要关两个星期,为什么?

997. 警察的弟弟

一名警察有个弟弟,但弟弟却否认有个哥哥,为什么?

998. 漂泊的海员

在茫茫大海上漂泊了大半年的海员,一脚踏上大陆后,他接下来最想做什么事情?

999. 用的人不知道

有一种东西,买的人知道,卖的人也知道,只有用的人不知道,是什么东西?

1000. 大地震

兰兰路过某市时,正巧那里发生了大地震,为什么兰兰却毫无感觉、安然无恙呢?

1001. 幼儿园放学

幼儿园放学了,却没有一个小朋友从大门里出来,这是怎么回事呢?

1002. 只转不走的轮子

什么车的轮子只转不走?

1003. 四兄弟的年龄

一家有4个兄弟,他们4个人的年龄乘起来是14,请问他们各自是多少岁?

1004. 街上往来的人

北京王府井步行街上来往最多的是什么人?

1005. 长颈鹿

除了在动物园可以看见长颈鹿,还可以在哪里看见?

1006. 列车顶

有个男人站在时速可达240千米的列车顶上,虽然他不是一个会飞檐走壁的超人,但是他仍然显得从容自如,毫不紧张,为什么?

1007. 做作业

你每天做作业时最先干什么?

1008. 不能打的伞

雨天什么伞不能打?

1009. 像大象却不重

什么东西像大象一样但毫无重量?

1010. 英文字母

什么英文字母喜欢听的人最多呢?

1011. 百米赛跑

你参加100米赛跑,几经辛苦,终于超过第二名,你现在是第几名?

1012. 不患近视

有人说吃鱼可以不患近视,为什么?

1013. 不爱清洁的女孩

不爱清洁的小女孩叫什么名字呢?

1014. 走进花园

一个人走进他的花园时,总是把什么先放在里边?

1015. 抓100只鸟

树上有100只鸟,用什么方法才能把它们全部抓住?

1016. 控制别人的本领

华先生有个本领,那就是能让见到他的人,都会自动手心朝上。这是怎么回事?

1017. 高考备忘

参加高考时,除了准考证之外,最重要的是什么?

1018. 10米跳跃

有一个人经常从10米高的地方不带任何安全装置跳下,却总是安然无恙,这是为什么?

1019. 圆

一个圆有几个面?

1020. 失事的飞机

刚起飞的飞机突然冒烟掉在地上,却没有人受伤,这是为什么?

1021. 这样也有奖金

一个人每天做事总是睁一只眼闭一只眼,却月月有奖金,这是为什么?

1022. 睁眼,闭眼

除了照相,做什么事,睁一只眼闭一只眼比较好?

1023. 打靶

为什么打靶瞄准时非得闭上一只眼睛呢?

1024. 回家穿衣

出去的时候光着身子,回到家才穿上衣服的是什么?

1025. 奇怪的价格

走进一家店,看见老板和顾客正在议价,老板拼命杀价,而顾客却一直抬高价钱,为什么?

1026. 日掷千金

小陈是个大家公认的穷光蛋,但是他居然能日掷千金,为什么?

1027. 增长智力的办法

增长智力最有效的办法是什么?

1028. 醉酒犯傻

小李喝醉了酒,撞伤了脸,回家怕太太知道会责备,去洗手间对着镜子贴上创可贴,可第二天还是被太太骂了一顿,为什么?

1029. 狼来了

《狼来了》这个故事给人什么启示?

1030. 与老外对话

小李的英语非常好,可老外却听不懂,为什么?

1031. 考试作弊

考试时,小光全部都抄小明的,为什么小明得到一百分,小光却零分呢?

1032. 猪肉和狗肉

如何分辨猪肉店与狗肉店?

1033. 不能吃的鸭蛋

世界上哪一种鸭蛋不能吃,煮不熟,却打得破?

1034. 考试及格

爸爸答应小虎,只要考试及格,就奖励10元钱,可为什么小虎还是不及格?

1035. 人数最少

什么军的人数最少?

1036. 喝奶

我们喝她的乳汁,却没有人叫她一声妈,她是谁?

1037. 长胡须

有一种东西,成熟了就会有胡须,这是什么呢?

1038. 走遍全世界

待在一个角落里不动,却能走遍全世界,那是什么东西呢?

1039. 一份命令

纸上写着某一份命令。但是,看懂此文字的人,却绝对不能宣读命令。那么,纸上写的是什么呢?

1040. 母鸡下蛋

早上,母鸡咯咯地叫着朝太阳的方向飞奔了一会儿,然后掉头回到草堆旁,转了一圈后,又向右边跑了一会儿,然后向左边的同伴跑去。最后它与同伴在草堆里转了半圈后,忽然下了个蛋。请问:母鸡的蛋是朝什么方向落下的?

1041. 小偷最怕的机关

小偷最怕碰到的是哪种机关?

1042. 书香

什么样的书最香?

1043. 防止第二次感冒

怎样才能防止第二次感冒?

1044. 不会叫的狗

请问,什么狗不会叫?

1045. 最小的大象

世界上哪儿的大象最小?

1046. 仪容检查

仪容检查时,明明有理头发,为什么教官不信?

1047. 载人的独木舟

两人都要过一条又深又急的河,却只有一条独木舟。独木舟一次只能载一个人,没有船夫,不能泅渡,也没有桥,但他们只用一个来回就过去了,这是怎么回事?

1048. 什么不怕晒和淋湿

你知道世界上什么东西既不怕晒也不怕湿吗?

1049. 动物园的管理员

动物园的大象死了,为什么管理员哭得那么伤心?

1050. 混合化学物质

上化学课时,将氯化钡、硫酸铜、碳酸钙三样化学物质混合在一起,结果会怎么样?

1051. 果树结果

为什么有的果树生长十几年也不结一个苹果?

1052. 买玩具

小明家很富裕,可他买玩具时却从不向妈妈要一分钱,为什么?

1053. 共撑一把伞

三人共撑一把小伞在街上走,却没有淋湿,为什么?

1054. 治晕车的办法

医治晕车的最好办法是什么?

1055. 前功尽弃

小华明天考试,他已经把英语背得滚瓜烂熟,第二天考试还是不及格,为什么?

1056. 最拿手的菜

餐厅经理不会做饭,可有一道菜特别拿手,是什么菜?

1057. 离不开绳子

小波比的一举一动都离不开绳子,为什么?

1058. 冰箱里的罐头

有个人饿得要死,而冰箱里有鸡肉罐头、鱼肉罐头、猪肉罐头等,他先打开什么?

1059. 肚子里的金币

老张不小心吞了一枚金币，为什么到10年后才去做手术取出来呢？

1060. 跑得最快的老鼠

什么老鼠跑得最快？

1061. 老鹰的绝症

老鹰的绝症是什么？

1062. 不可或缺的东西

岁数越来越大，身体越来越小，面貌日新月异，家家不可缺少。这是什么东西？

1063. 薄薄一片的东西

什么东西薄薄一片，却可以装进你想要的一切东西？

1064. 赖床

太阳才刚照进窗户，小军就起床了，为什么还有人说他懒？

1065. 龟兔赛跑

龟兔第三次赛跑，兔子一没有骄傲，二没有睡觉，非常努力地奔跑，终点也不在水里，可是还是输了，为什么？

1066. 什么最值钱

有一个富豪想知道他的什么东西最值钱。你知道吗？

1067. 考试分数

小明考了 500 分，小张考了 600 分，为什么老师认为他们的成绩不相上下？

1068. 防踢假球

在足球比赛中，如何防止球员踢假球呢？

1069. 一个盒子几个边

一个正方体盒子有几个边？

1070. 一加一不等于二

什么样的情况下，一加一绝对不等于二？

1071. 老虎的弟弟

老虎的弟弟是谁？

1072. 科学家出生在哪儿

你知道现代的科学家一般都出生在哪儿吗？

1073. 照的是谁

什么照片看不出照的是谁？

1074. 马和骡子

树上拴着两匹牲口，一匹是马，一匹是骡子，怎么分辨出哪一匹是马，哪一匹是骡子？

1075. 看不见

什么越多就越看不见呢？

1076. 恐龙世界

请大家想象一下，假如你在一个有恐龙的世界里，而有一只恐龙正准备要吃你，你该怎么办？

1077. 找规律

1、3、7、8
2、4、6
5、9
每一排数字都有一个规律，你能找出来吗？

1078. 沙滩上走路

一个人在沙滩上行走，回头为什么看不见自己的脚印？

1079. 看不到

一个人在什么时候做的事，别人谁也看不到？

1080. 什么东西里面有手

身子里面空空洞洞却拥有一双手，那是什么？

1081. 床底下的盗贼

一位妇人因为一次有个盗贼从她的床底下钻出来向她行窃，导致她每次睡觉都因担心床下有人而失眠，你有什么办法消除她的困扰？

1082. 满屋的镜片

一个人站在两块相对摆放着的立镜中间，就会一连串照出很多影像。

那么，假设有一间小屋，屋内上下、左右、前后都铺满了无缝隙的镜片，请问：当有个人走进这间小屋时，他看到的是什么样的影像呢？

1083. 一个舌头

人有两只眼、两只耳、两只手、两只脚，但为何只有一个舌头？

1084. 离奇车祸

一位卡车司机在路上撞到一个骑摩托车的人，卡车司机受重伤，骑摩托车的人却没事，这是为什么？

1085. 皮肤黑

皮肤黑有什么好处?

八

诡计多端

1086. 不记仇

什么人最不记仇?

1087. 打架

小明和大强打架,小明用手紧紧地抓住大强的头发,可大强却一点儿都不疼,这是为什么?

1088. 看不见

想想看:眼睛看不见,口却能分辨,这是什么?

1089. 选择死法

犯人最乐意选择的死法是什么?

1090. 皮夹里的钱

为什么父亲一发现皮夹里的钱数目少了一半后,便一口咬定是儿子干的好事?

1091. 寄信

汤姆写信时,收信人和寄信人的地址写反了,结果信寄回自己家中,不过他不花半毛钱又把信寄给收信人,为什么呢?

1092. 迷人

狐狸精最擅长迷惑男人,那什么精男人女人一起迷?

1093. 动物熬夜

什么动物天天熬夜?

1094. 臭虫

臭虫绝不咬哪种动物？

1095. 高速奔驰的汽车

小燕站在路中央，一辆时速 90 千米的汽车疾驰而过，她却未被撞到，为什么？

1096. 不脱帽

冬天，宝宝怕冷，到了屋里也不肯脱帽。可是他见了一个人乖乖地脱下帽，那人是谁？

1097. 写告示

唐僧会说天竺语和西凉语，悟空会说西凉语和车池语，八戒会说车池语和乌鸡语，沙僧会说乌鸡语和宝象语。唐僧看到一张天竺语写的告示，他用西凉语告诉了悟空，可他怎样才能把告示的内容告诉八戒和沙僧呢？

1098. 猫和猪的区别

猫和猪有何区别？

1099. 下围棋

下围棋的最喜欢干什么？

1100. 边听边猜

老师讲的是什么"语"，同学们需要边听边猜？

1101. 老虎打架

为什么两只老虎打架，非要拼个你死我活的，否则绝不罢休？

1102. 神奇的地方

地球有两处地方，昨天可以是今天，今天可以是明天，那两处地方是哪儿？

1103. 耕种的农民

一场大雨，忙着耕种的农民纷纷躲避，却仍有一个人不走，为什么？

1104. 假如我是董事长

老师出了一道作文，题目是"假如我是个董事长"，同学们都在用心地写，为什么小强不动手？

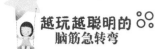

1105. 不翼而飞

什么贵重的东西最容易不翼而飞?

1106. 易上难下

什么地方很轻松就可以爬上去,却很难下得来?

1107. 左右裤袋

如何才能把你的左手完全放在你穿在身上的右裤袋里,而同时把你的右手完全放在你穿在身上的左裤袋里?

1108. 长春到西安

长春到西安坐火车要14个小时,为什么一列火车从长春出发,20个小时过去了,仍未到西安呢?

1109. 半夜走墓地

半夜走墓地最怕碰到什么事?

1110. 跳伞

小刚从5000米高的飞机上跳伞,过了两个小时才落到地面,为什么?

1111. 一个变两个

明明拿着一个玩具,却突然发现这个玩具变成了两个,为什么?

1112. 崇拜的人

什么人是人们说他时很崇拜,但却谁也不想见到他?

1113. 倒水

一只瓶子里装满了水,如果要使水从瓶中最快地倒出来,最好采取哪种办法?

1114. 杀鸡用牛刀

小明杀鸡为什么要用牛刀呢?

1115. 服装模特

一位服装模特小姐,即使在平日也穿着未经发布的新款服饰,但她常常看到穿着和她完全相同的人。这是为什么?

1116. 神算子费用

有一个人想向神算子询问婚姻、事业、病情这三件事情,但是神算子要收费,每两个问题收费20元,这个人只有25元,他觉得太贵,就问道:"不论多简短的问题,都算一问吗?"回答说是。他又问道:"不论多长的话也算一问吗?"又回答说是。那么,他要问的三个问题中能问几个呢?

1117. 比眼睛大的东西

比眼睛大的东西是什么?

1118. 盘子里的鸡蛋

三个鸡蛋,要放在两个盘子里,一个盘子必须放一个,怎么放?

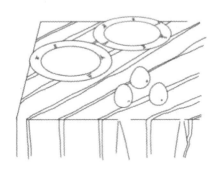

1119. 无燃料机器

世界上什么东西以每小时近2000千米的速度载着人奔驰,却不用加油或使用其他燃料?

1120. 一只很会叫的狗

一只很会叫的狗,我们叫它什么?

1121. 聪明人多个什么

聪明人比一般人多了个什么?

1122. 奇怪的问题

有一个奇怪的问题,不论问任何人,所得到的答案一定是"没有",这个问题是什么?

1123. 脚踩鸡蛋

我不会轻功,一只脚踩在鸡蛋上,鸡蛋却不会破,这是为什么?

1124. 写外文

奶奶没上过学,为什么会写外文?

1125. 去国外

有一个人到国外去,为什么他的周围都是中国人?

1126. 不能吃的饼

什么饼不能吃?

1127. 身体颜色

世界上的人身体哪一部分的颜色完全相同?

1128. 不怕撞人的汽车

什么汽车可以随便撞人?

1129. 打破东西

把什么打破了不会受到处分反而会得到奖励?

1130. 内容相同的书

相同内容的书,为什么小高要同时买两本?

1131. 狗和龙的儿子

狗的儿子跟龙的儿子，有几点差异？

1132. 均分

将18平均分成两份，却不得9，还会得几？

1133. 哪儿不怕痒

蚊子咬在什么地方你不会觉得痒？

1134. 世界拳击冠军

什么能够击倒世界拳击冠军？

1135. 生米煮成熟饭

生米不小心煮成熟饭时该怎么办？

1136. 装满屋子

什么东西将一间屋子装满，人又能活动自如？

1137. 没有亮度的光

什么光完全没有亮度？

1138. 没痛苦

病在什么地方最没痛苦？

1139. 解开所有的谜

用什么可以解开所有的谜？

1140. 刮脸

老王每天都要刮很多遍脸,可脸上还是有胡子,为什么?

1141. 棉花和铁块

一斤棉花和一斤铁块哪个比较重?

1142. 出生率

地球上什么地方的出生率最高?

1143. 超人和蝙蝠侠

超人和蝙蝠侠的最大区别是什么?

1144. 自由女神像

为什么自由女神像老是站在纽约港?

1145. 四条腿

马在什么地方不用四条腿照样可以走?

1146. 学校各处

大勇说他和学校的老师很熟,在学校里哪里都能进去,但小涵偏说他有一处地方永远都不能进去,是什么地方呢?

1147. 高考发榜

高考发榜了,为什么小明榜上无名却一点儿也不难过?

1148. 掉进土坑

一个长、宽各1米,深2米的土坑,坑里没水,为什么有人不慎跌落下去还是淹死了?

1149. 百万富翁

小明只会花钱,天天花很多钱,可最后却成了百万富翁,为什么?

1150. 坐板凳

人们都怕坐什么板凳?

1151. 神奇的牛

世界上哪种牛能大能小?

1152. 七上八下

什么样的人,并没有遇上麻烦事,可心里总是七上八下的?

1153. 不怕雨淋

下雨天不怕雨淋的是什么?

1154. 寻人启事

某地发生了大地震,伤亡惨重,收音机里不断地传出受灾情况以及寻人启事,一位老大爷一直在注意收听收音机的报道。有人问他:"收音机里播放过你孙子的消息了吗?"他回答说:"没有。"接着他又说:"但我知道我孙子肯定平安无事。"请问这是为什么呢?

1155. 彩色动物

什么动物身上的颜色有白、有黑,也有红?

1156. 身不由己

做什么事会身不由己?

1157. 没人听的话

什么话讲了没人听?

1158. 交通规则

什么车可以不受交通规则的限制而横冲直撞?

1159. 不怕碎

什么东西打碎后自然会和好？

1160. 最难叫醒的人

什么人最难被叫醒？

1161. 丢东西

爸爸丢了一样东西，为什么妈妈还特别高兴？

1162. 最省油的车

开什么车最省油？

1163. 这是什么

什么东西两个脑袋、六条腿、一条尾巴？

1164. 早餐不吃什么

在早餐时从来不吃的是什么？

1165. 时有时无

什么地方有时候有水，有时候没水？

1166. 儿子偷东西

小明的爸爸是警察，他眼看着儿子偷了一样东西，却没有多加管教，这是怎么回事？

1167. 臀部上的牙印

老刘一个人在屋里睡觉，醒来时为什么屁股上竟然出现了深深的牙印？

1168. 三只壁虎

墙壁上爬着三只壁虎，一只壁虎掉下后没多久，另外两只也跟着掉下来，到底发生了什么事情？

1169. 迪斯科舞厅的小鸟

一只小鸟飞进了迪斯科舞厅，突然掉了下来，请问发生了什么事？

1170. 脚不沾地

小王走路脚从来不沾地，这是为什么？

1171. 鸽子下蛋

小明家的鸽子在小刚家的阳台上下了个蛋，请问这个蛋是谁的？

1172. 漏的筐

你知道世界上什么筐是漏的，但却没坏吗？

1173. 三个器具

在一间房子里，有油灯、暖炉和壁炉，现在，你想要将着三个器具点燃，可是只有一根火柴，请问首先应该点哪一样？

1174. 伪装术

除了变色龙以外，什么动物最擅长伪装术？

1175. 日行八万里

怎样才能日行八万里?

1176. 母鸡的腿短

为什么母鸡的腿短?

1177. 百万米山峰

假设一只蚂蚁从几百万米高的山峰上落下来会怎么死?

1178. 吹电扇

小明正在吹电扇,为什么还是满头大汗?

1179. 人体秤

胖姐阿英站上人体秤时,为何指针却只指着5?

1180. 螃蟹赛跑

一只长约7厘米的红螃蟹和一只只有3厘米长的黑螃蟹赛跑,谁会赢?

1181. 饿猫不吃胖老鼠

一只饿猫从一只胖老鼠身旁走过,那只饥饿的老猫竟无动于衷,继续走它的路,连看都没看这只老鼠。而老鼠也一副若无其事的样子,一动不动地躺在那里晒太阳。为什么?

1182. 长胡子的山羊

长胡子的山羊是母羊还是公羊?

1183. 青春痘

青春痘长在哪里,你比较不担心?

1184. 清洁工

一名清洁工如何在几小时之内从上海扫到北京？

1185. 冲出猪圈

有一头猪，以 80 米/分的速度冲出了猪圈，突然撞到树上死了，为什么？

1186. 被泼的墨水

小明把墨水泼在了地毯上而挨了骂，可是他觉得很委屈，为什么？

1187. 什么游戏

两个动物在做游戏，一个拼命跑，一个拼命追；一个很害怕，一个很勇敢，请问这是什么游戏呢？

1188. 常用的杯子

为什么我们用的杯子几乎都不是木头做的，但是"杯"字却是"木"字旁呢？

1189. 违章驾车

小明违章驾车，应该被罚款 100 元，交警开完票后扔在了地上，然后交警又自己掏钱给小明，为什么？

1190. 撒泡猴尿

孙悟空拔了一根毫毛变笔，在中间的肉色柱子上写下"齐天大圣到此一游"八个字，还撒了泡猴尿作为凭据。这样做的结果怎么样？

1191. 治疗掉发的办法

老王天天掉头发，什么办法都用了，一直毫无效果。一天，有人告诉他有一种办法可以使他永远不掉头发，是什么办法呢？

1192. 聪明绝顶

人常说一个人的头秃了是聪明绝顶,那么,要是有一个人真的剃成了光头,那是什么呢?

1193. 汽车速度

有两辆汽车以完全相同的速度,分别行驶于紧邻的两条没有弯道的公路上。虽然两车从始至终都未改变车速,但是最后 B 车还是超越了 A 车,这可能吗?

1194. 上上下下

有个人不是官,却负责全公司职工干部上上下下的工作。这个人是干什么的?

1195. 一篮子骨头

有一次,老李买了一只狗,买了一篮子骨头,他休息时,用一根 5 米的绳子将狗拴在路边树上,将骨头放在离狗 8 米的地方,但过了一会儿,他发现骨头被狗叼走了,你知道为什么吗?

1196. 小圆孔

有一个小圆孔的直径只有 1 厘米,而有一种体积达 100 立方米的东西却能顺利通过这个孔,这是为什么呢?

1197. 动笔

什么人一动笔,就会看到自己想要的?

1198. 出城作战

身为大将,为什么不能出城作战呢?

1199. 办公室漏水

下雨天,办公室到处都漏水,可大家为什么没有被淋湿呢?

1200. 左手右手

如果你生出来的儿子只有一只右手,你会怎么办?

1201. 跑遍全屋

什么东西只有一只脚却能跑遍屋子的所有角落?

1202. 不给病人看病

市里新开张了一家医院,设备先进、服务周到。但令人奇怪的是,这儿竟一位病人都不收,这是为啥?

1203. 醒来第一件事

早晨醒来，每个人都会去做的第一件事是什么？

1204. 比细菌小

什么东西比细菌还小？

1205. 求菩萨保佑

阿比明天要考英文，他听说佛光山的菩萨有求必应，就赶忙上山烧香拜佛，求菩萨保佑他明日考试顺利通过，结果隔天英文还是考砸了，为什么？

1206. 企鹅

大家都知道企鹅是黑白两色的，但是小明说自己见过一只黑白红三种颜色的企鹅！这是真的吗？

1207. 餐前汤

欧美人就餐头一道菜是汤，你知道汤里经常会有什么吗？

1208. 跷跷板

两个身高、体重相当的小朋友在玩跷跷板，你猜结果会如何？

1209. 变成冷天

今天气温38℃，怎么才能马上变成冷天？

1210. 年纪不大

老鼠为什么年纪不大却称老？

1211. 船主年龄

你有一艘船，船上有15位船员，60位乘客，300吨货物。你能根据上面的提示，得出船主的年龄吗？

1212. 奇怪的比赛

什么比赛，赢的得不到奖品，输的却有奖品？

1213. 路上风景

老高骑自行车骑了10千米，但周围的景物始终没有变化。这是为什么呢？

1214. 缓兵之计

什么叫作"缓兵之计"？

1215. 多少只羊

一位路人看到一个勤劳的牧羊女在放一大群羊，就问道："你一共有多少只羊？"

牧羊女回答："我怎么知道！从来都不能数完啊！"
你知道她为什么数不完吗？

1216. 百兽争霸

某座山林里正在举行百兽争霸赛，很多野兽慕名而来，欲一展拳脚奠定江湖地位。最后的结果出人意料，冠军不是老虎、狮子，也不是大象、野豹，而是一只猴子。这是为什么？

1217. 掏耳朵

现代人为什么越来越喜欢掏耳朵？

1218. 大力士举重

有一样东西比大力士能举起的重量要轻得多，但大力士却举不起来，那是什么东西呢？

1219. 123

119是火警电话,120是救护电话,那么123是什么?

1220. 胖女人像什么书

有人说,女人像一本书,那么胖女人像什么书?

1221. 几个字母

ET(外星人)离开地球以后,原本26个英文字母变成了几个?

1222. 用什么拖地

用什么拖地最干净?

1223. 不挂蚊帐

美丽的公主结婚以后就不挂蚊帐了,为什么?

1224. 自己花钱

别人请你吃什么需要你自己花钱?

1225. 四名学生

几名学生排队,四名学生前面有四名学生,四名学生后面有四名学生,四名学生中间有四名学生。请问一共有多少名学生?

1226. 后脑受伤怎么睡觉

后脑勺受伤的人怎样睡觉?

1227. 登上月球的姑娘

第一个登上月球的中国姑娘是谁?

1228. 人的寿命

请问，人能活到什么时候？

1229. 只剩一块钱

如果你只剩下一块钱了，你怎么才能得到1000块？

1230. 生气的理由

一位先生从单身到结婚，再到生孩子，给乞丐施舍的钱越来越少，乞丐为此大为恼火。乞丐生气的理由是什么？

1231. 老三叫什么

小明家有三个孩子，老大叫大毛，老二叫二毛，请问老三叫什么？

1232. 大雨中奔跑

小强在大雨的旷野中奔跑了10分钟，头却没有湿，为什么？

1233. 空降兵跳伞

空降兵跳伞时，怎样才能分得出老兵和新兵？

1234. 桥上的石碑

一座桥上面立有一块石碑，石碑上写"不准过桥"。但是很多人都不理睬，照样过去。为什么？

1235. 自行车比赛

有两个人决定进行一场自行车比赛，看谁的自行车跑得快。比赛在一个平坦宽敞的体育场里进行，但当比赛开始时，他们两个却谁也不愿意领先，反而都在慢悠悠地骑。已知他们两人都不会互相谦让,也没有外来因素干扰,总之,一切都很正常,这究竟是怎么回事?

1236. 锅里的热水

住在山谷中的志明,突然想吃泡面,便支起小锅来烧水。水快开了才发现家里的泡面已吃完了,急急忙忙关了火到山脚下的杂货店去买。30分钟后回到家,发现锅里的热水不见了。这究竟是为什么呢?

1237. 45°角

怎么用最快的方法证明一个角是45°?

1238. 考试最怕什么

考试最怕什么?

1239. 扑克牌的花色

一张扑克牌背面向上放在桌上,你能不能想出一个好办法,知道扑克牌的花色?

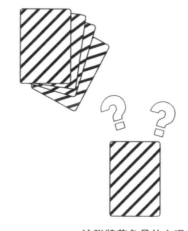

这张牌花色是什么呢?

九

将计就计

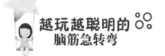

1240. 不敢偷
什么房子小偷不敢进去偷东西?

1241. 同样的重量
你知道,一只120斤,两只也是120斤的是什么吗?

1242. 丢了电影票
看电影时,电影票丢了怎么办?

1243. 假的东西
人们甘心情愿买的假的东西是什么?

1244. 减肥进行时
实行减肥时,最容易瘦的是哪一个部位?

1245. 熊掌和鱼
熊掌和鱼什么情况下可以兼得?

1246. 吸血鬼
为什么吸血鬼绝不喝果汁或蔬菜汁?

1247. 睡美人最怕什么
睡美人最怕什么?

1248. 蝎子和螃蟹猜拳
蝎子和螃蟹玩猜拳,为什么它们猜了两天,还是分不出胜负呢?

1249. 好马不吃回头草

"好马不吃回头草"最合乎逻辑的解释是什么?

1250. 一瓶可乐

两个人想喝可乐,却只有一瓶可乐的钱,最后两人还是如愿以偿都喝到了一瓶可乐,为什么?

1251. 大象进冰箱

把大象装进冰箱要几个步骤?

1252. 长颈鹿进冰箱

(接上题)把长颈鹿装进冰箱要几个步骤?

1253. 动物大会

(接上题)动物园开全体动物大会,什么动物没有来?

1254. 鳄鱼池

(接上题)有一天,小明去动物园经过鳄鱼池一个不小心掉了下去,却没有被吃掉,为什么?

1255. 身外之物

什么东西你有,别人也有,虽然是身外之物,却不能交换?

1256. 变法儿说话

什么人总是把别人的话变着法儿地说来说去?

1257. 一片芳草地

一片芳草地。(猜一植物)

1258. 又有一片芳草地

(接上题)又有一片芳草地。(猜一植物)

1259. 一大群羊

(接上题)来了一大群羊。(猜一水果)

1260. 一只狼

(接上题)来了一只狼。(猜一水果)

1261. 一个猎人

(接上题)来了一个猎人。(猜一水果)

1262. 不喊爸爸

小明是老王的儿子,但是小明却不肯喊老王爸爸,这是为什么?

1263. 蚂蚁与大象

有一只小蚂蚁在自己家附近玩耍,不久看见一头大象慢悠悠地走了过来,蚂蚁一惊,连忙把自己藏了起来,偷偷伸出了一条自己的后腿,请问它想干什么?

1264. 万年龟

小明买了一只万年龟,可是第二天早上小明却发现万年龟死了,请问为什么呢?

1265. 手机

哪两种蔬菜有手机?

1266. 最大的谎言

据说这个世界上最大的谎言是：借我一张餐巾纸。你知道这是为什么吗？

1267. 百益无害

提供给别人，且对自己百益无害的是什么？

1268. 卡比星球

小明到卡比的星球做客，看到许多动物朋友，你知道这里一共有多少个外星人吗？

1269. 知错不能改

做了什么事知错却不能改？

1270. 有趣的上尉

一名上尉在训练新兵时喜欢让个子高大的、长得帅的站在前面，个子矮的、长得不是很好看的站在后面，你猜这是为什么？

1271. 关羽和张飞

为什么关羽比张飞死得早？

1272. 心脏更换手术

一个人做了心脏更换手术，为什么他女朋友就和他分手了？

1273. 从飞机上掉下

一个人从飞机上掉下来，为什么没摔死呢？

1274. 造句

课堂上，老师让小明用"一边……一边……"这个词来造句，却被小明一口拒绝，还说是老师教的，这是为什么呢？

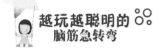

1275. 不可能变可能

如何最快地将不可能的事变成可能的事？

1276. 掉进大海的手表

一只普通手表刚掉到大海里，会不会停？

1277. 倒立

什么东西在倒立之后会增加一半？

1278. 撞上电线杆

小张开车，不小心撞上电线杆发生车祸，警察到达时车上有个死人，小张说这与他无关，警察也相信了，为什么？

1279. 老大和老幺

老大和老幺之间隔着三兄弟，虽是同年同月同日生，却一点也不相像，为什么？

1280. 胖瘦自如

什么东西胖得快、瘦得也快？

1281. 摔破的碗

一个人左右手各拿着一只碗，同时松手，一只摔破了，一只没摔破，为什么？

1282. 蚂蚁钻空调

蚂蚁钻进空调里是去找什么？

1283. 月份

大月有31天，小月有30天，那么一年中几个月有28天？

1284. 胖人怕热

为什么胖人比瘦人怕热?

1285. 开学愿望

对学生来说,开学后的最大愿望是什么?

1286. 既省力又舒服的事

打什么既省力又舒服?

1287. 没有价格的东西

什么东西没有价格但大家却都很喜欢?

1288. 大雁往南飞

为什么大雁秋天要飞到南方去?

1289. 不会转的电风扇

左看是电风扇,右看是电风扇,虽然是电风扇,就是不会转,请问这究竟是什么?

1290. 人体器官

人体最大的器官是什么?

1291. 旧东西

为什么兰兰总喜欢旧东西?

1292. 三千尺高处掉落

一个人被一个从三千尺高处掉下来的东西砸到，却没有受伤，这是为什么？

1293. 乔丹篮球鞋

小明拥有乔丹第一代到第十二代的篮球鞋，请问他最喜欢哪一双？

1294. 时常改变主意的职业

从事什么职业的人容易在短时间内反复地改变主意？

1295. 新版人民币

小王拿出钱包里几张新版的人民币，发现它们虽然面值相同，却每张都不一样，验钞之后发现它们都是真币。这是为什么？

1296. 打西边升起

什么时候太阳会从西边升起？

1297. 修好的灯不亮

小刘是个很好的电工师傅，可他今天修的灯却不亮，为什么？

1298. 没有春夏秋冬

"东方"号轮船上的大副说他去过没有春夏秋冬、没有昼夜长短变化的地方，那是什么地方？

1299. 结婚照

为什么结婚的人都要先拍结婚照？

1300. 不会走的时钟

时钟什么时候不会走？

1301. 关不住嘴

小亮平时嘴巴根本闭不住，为什么现在一声不吭？

1302. 游泳池中的人

小朋友在游泳池里游泳，游了一阵儿，大勇数了数，发觉少了一个人，忙向老师报告，老师却说没有少，是什么原因呢？

1303. 看不到影子

一个人在太阳下走路却看不见自己的影子，为什么？

1304. 言而无信

为什么现代人越来越言而无信？

1305. 一只手套

某歌星每次上台演出，总是戴着一只手套，这是为什么？

1306. 有钱的奴隶

老王很有钱，可别人说他是个奴隶，为什么呢？

1307. 没力的花

茉莉花、太阳花、玫瑰花，哪一朵花最没力？

1308. 同一天

制造日期与有效日期是同一天的产品是什么？

1309. 用不完的水

什么水永远用不完？

1310. 什么最长

世界上什么最长？

1311. 从 20 层楼阳台掉下

一个人站着从第 20 层楼阳台的护栏边掉了下来却一点儿事都没有，请问为什么？

1312. 糖罐子里的蚂蚁

糖罐子为什么会爬着蚂蚁？

1313. 将军和元帅

在什么地方，将军和元帅地位完全相等？

1314. 没见过面的爷爷

从来没见过的爷爷是哪个爷爷？

1315. 债权和债务

债权和债务的最大区别是什么？

1316. 癞蛤蟆吃天鹅肉

癞蛤蟆怎样才能吃到天鹅肉？

1317. 当公公

什么人没当爸爸就先当公公了？

1318. 考场

娇娇在一次难度很大的考试中非常从容，为什么？

1319. 什么最大

世界上什么最大？

1320. 什么山最大

世界上什么山最大？

1321. 什么海最大

世界上什么海最大？

1322. 肚子最大的人

世界上谁的肚子最大？

1323. 外放的金子

铁放到外面会生锈，那金子呢？

1324. 病人与医生

病人说："医生，你把剪刀忘在我肚子里了。"医生的反应是什么？

1325. 过"十一"

美国人过不过"十一"(中国国庆节)?

1326. 狼与羊(一)

一只羊在吃草,一只狼从旁边经过,却没有吃羊。(打一种动物)

1327. 狼与羊(二)

(接上题)又一只狼经过,还是没有吃羊。(打一种动物)

1328. 狼与羊(三)

(接上题)第三只狼经过,羊冲狼大叫,狼还是没吃羊。(打一种动物)

1329. 不吃人的虎

什么虎吓人但不吃人?

1330. 一只熊

一只熊走过来。(打一成语)

1331. 混血婴儿

一个黑人和一个白人生下的婴儿,牙齿是什么颜色的?

1332. 越生气越大

什么东西越生气,它便越大?

1333. 锤不破

铁锤锤鸡蛋为什么锤不破?

1334. 蚂蚁去沙漠

一只蚂蚁去沙漠旅行,为什么沙子上没有留下它的脚印,而只留下一条线呢?

1335. 旅行回家

(接上题)蚂蚁从沙漠回家了,它没有通知任何人,但是它的家人却知道它回来了。为什么?

1336. 外出旅游

明明一家五口外出旅游,说好给每人带一瓶饮料,可他坚持只带4瓶可乐,为什么?

1337. 豆腐打伤人

豆腐为什么能打伤人？

1338. 怀疑一切

有个人怀疑一切，谁的话他都不相信。小明就对那个人说："我要骗你一次。"那人回答："骗就骗，试试看吧。"小明不慌不忙地说："等一会儿，我进屋准备一下。"说完就走进屋里。小明能有什么办法骗这个人呢？

1339. 水泥地上骑车

你敢在还没干的水泥地上骑车吗？

1340. 逃掉的小偷

远东百货遭小偷洗劫，警察立刻封锁住所有的出口，但为什么小偷仍逃了出去？

1341. 谁家不被偷

神偷"妙手空空"把家附近一些有钱人家的金银珠宝偷得一干二净，为什么唯独一家既无防盗设备，也无保安人员的房子没有被盗？

1342. 发掘优点

有一间屋子的北边有个肥料厂，南边有个酒厂，东边有个垃圾站，西边有个面包店。它有项优点，你知道是什么吗？

1343. 阿发仔

阿发仔的长相和家人很相像，但大家都说阿发仔不是他们的孩子，为什么呢？

1344. 哪类食物贵

山珍海味贵还是稀饭贵？为什么呢？

1345. 天气变化

什么东西天气越热，它爬得越高？

1346. 安哥拉兔毛

什么地方盛产安哥拉兔毛？

1347. 自己用得少

你的一样东西，别人用得多，而自己用得很少，是什么？

1348. 什么关系

我和你爸爸的弟弟的儿子的同学的哥哥是什么关系？

1349. 吃牛排

餐厅里，有两对父子在用餐，每人叫了一份70元的牛排，付账时只付了210元，为什么？

1350. 不能戴的帽子

什么帽子不能戴？

1351. 走散的母女

8岁的小萱萱在百货公司和妈妈走散了，你猜她到服务台说了些什么话，竟引起大家哈哈大笑？

1352. 见棺材不掉泪

"不见棺材不掉泪"可以拿来形容一个顽固不化的人,你知道什么人是"见了棺材仍然不掉泪"的死硬派吗?

1353. 自知之明

人在什么时候最有自知之明呢?

1354. 凶猛的狼犬

小美养了一头凶猛的狼犬,为什么它却从不咬胖子?

1355. 小姨的妈妈

"妈妈,你的妈妈是谁?"
"是你姥姥。"
"那两位小姨的妈妈呢?"
"也是你姥姥。"
"不对,是太极。"
你知道为什么吗?

1356. 一动不动

一辆车子在飞速前进,可它上面的四个轮子却一动没动,你知道这是怎么回事吗?

1357. 分手

有两片叶子,从小青梅竹马,长大后成了恋人,并发誓永远不分开。日子就这样简单而快乐地过着。

直到某一天,一片叶子终于忍不住了对另一片叶子说:"你看,我们在一起相爱那么久,最终还是要分手的。"

你知道这是为什么吗?

1358. 流浪汉

一个流浪了 50 多年的流浪汉,有一天突然不流浪了,你知道这是为什么吗?

1359. 时间不多

谁经常说:留给我的时间不多了?

1360. 解释

怎么解释"心有余而力不足"这句成语最好呢?

1361. 蚕吃桑

在河的一岸有一只蚕,在河的对岸有一片桑树,这条河水面宽 1000 米,却没有桥,请问它如何才能过到河对岸?

1362. 人字拖的悲剧

穿人字拖最大的悲剧是什么?

1363. 娶老婆

自古以来男人都称女人是祸水,但为什么男人还是要娶老婆呢?

1364. 周瑜的妈妈

周瑜的妈妈姓什么?

1365. 诸葛亮的妈妈

诸葛亮的妈妈姓什么?

1366. 保持身材

怕身材走样,结婚后不生孩子的美女怎么称呼?

1367. 茄子的另称

茄子的另外一个名字叫什么?

1368. 亚当和夏娃

亚当和夏娃结婚后最大的遗憾是什么?

1369. 贴近人类的生物

何种生物最贴近人类？

1370. 最大的影子

请仔细想一想，你所见到的最大的影子是什么？

1371. 猜字

有一个字，我们从小到大都会念错，那是什么字？

1372. 这个字读什么

"来"前面加个三点水变成"涞"，这个字读什么？还是读作来(lái)。那么"去"左边加个三点水，还是读作"qù"吗？

1373. 越多越穷

什么东西越多越穷？

1374. 特别的猫食

奶奶非常疼爱她养的那只猫，当猫咪生日那天，她特地准备了五个各放了一条鱼的盘子为它祝贺。猫咪走到盘子前，犹豫了一会儿，然后把第三个盘子里的鱼吃掉了，为什么？

1375. 烤肉最怕什么

烤肉的时候最怕什么？

1376. 被狼叼走的母羊

一只母羊和一只小羊正在吃草，来了一只老狼把母羊叼走了，小羊也乖乖地跟着走了，请问这是怎么回事？

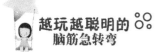

1377. 掉落的招牌
一个招牌突然由高处掉落,砸向并排行走的5个人,为什么只有3个人受伤?

1378. 谁都不想要的
大家都不想得到的是什么?

1379. 日行千里
马灵,《水浒传》中田虎麾下头领,绰号"神驹子",有日行千里的法术,为什么还会被抓?

1380. 拳打镇关西
鲁智深拳打镇关西,为什么会把镇关西打得"口里只有出的气,没有进的气"?

1381. 冬天退兵
曹操本想继续追击刘备,但程昱劝曹操待来年春暖再用兵,曹操便提兵回许昌了。为什么冬天一来曹操就这样急于退兵呢?

1382. 成了什么模样
史进打开庄门,冲杀出来,撞见李吉,手起一朴刀,把李吉斩做两段。这时李吉成了什么模样?

1383. 一群孩子
老张已经年过而立之年,为什么总爱围着一群十几岁的孩子转?

1384. 阎王爷上刑场
如果阎王爷也被押上了刑场,那么阎王爷会是什么心情呢?

1385. 贾府的丫鬟

贾府的丫鬟闲暇时喜欢赌博，那么，赌什么才不会输钱呢？

1386. 忏悔资格

什么人才有资格去忏悔？

1387. 埋葬

在香港生活的人，可不可以埋葬在广州？

1388. 谁养大蝙蝠侠

泰山是人猿养大的，那么蝙蝠侠又是谁养大的？

1389. 买剪子

一个聋哑人到五金商店买钉子，他把左手的食中两指伸开做成夹着钉子的样子，然后伸出右手做锤子状，服务员给他拿出锤子，他摇了摇头，给他拿来钉子，他满意地买了。接着来了一个盲人，请问，他怎样才能买到剪刀？

1390. 并排一起

数个大小形状相同的物体并排一起时，有没有可能越接近自己的东西看起来越小，越远离的物体看起来越大？

1391. 住楼房

小王住的是楼房，为什么每次出门还要上楼？

1392. 漂亮的羽毛

爸爸问小明，什么东西浑身都是漂亮的羽毛，每天早晨叫你起床？小明猜对了，但却不是鸡，那是什么？

1393. 酒过三巡

同事们在小张家喝酒、聊天，酒过三巡后，小张的举动非常正常，为什么大家都知道小张喝醉了？

1394. 切成两半

老师说蚯蚓切成两半仍能再生，小东照老师的话去做，蚯蚓却死了，为什么呢？

1395. 多年夫妻

一对夫妻结婚多年，却从来没有生过一个孩子，但是他们家却有六个孩子，这是怎么回事呢？

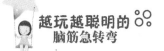

1396. 吃泡面

小明半夜吃泡面,为什么一边吃一边盯着手表?

1397. 她是谁

一个人,她是我伯父的弟媳,但不是我叔母,她是谁?

1398. 天黑

天黑一次亮一次是一天,可有一次,天黑了两次,亮了两次,却仍然只过了一天,这是为什么呢?

1399. 一堆西瓜

一堆西瓜,一半的一半比一半的一半的一半多半个,请问这堆西瓜有多少个?

1400. 外星人

月亮上去过外星人吗?

答案

1. 厕所

2. 因为他买的是一辆古董车

3. 打电话的时候

4. 因为医生是兽医，阿兵是动物

5. 不是哑巴

6. 小明只拿出80元钱给老板

7. 刀山

8. 正在飞行的飞机

9. 《辞海》

10. 火海

11. 4秒，在1后面加4个0即可

12. 是螺口灯泡，需要旋转才能安装好

13. 血球

14. 2个，还有1个人在捉别人

15. 因为他要洗澡了

16. 身上的汗水

17. 发火

18. 理发师给老李剃了光头

19. 因为西北有高楼(汉代五言诗)

20. 单身汉

21. 人当然有后背(辈)

22. 是电笔

23. 告诉观众怪兽打死了，该洗洗睡了

24. 准备学着做饭

25. 用笔

26. 没到领奖的日期

27. 烟鬼

28. 瓦斯外泄

29. 因为每个人都无法替代，都是唯一的

30. 文字

31. 叫救命

32. 房子里没人

33. 在铁轨上

34. 家里没人
35. 因为钱包是他自己掉的
36. 跟她说:"妈,留着明天洗吧!"
37. 油压表指针
38. 屁,怕出丑
39. 洗澡的时候
40. 王主任鼾声太大,吵得别人不能入睡
41. 因为企鹅在南极
42. 后悔药
43. 岩洞,其他都是人工的
44. 背了课本就会多得分(贝多芬)
45. 玉,"国"字的中间是个"玉"
46. 可能,球被打到树上了
47. 开过了
48. 只能尽力把水喝光
49. 他养了一群母鸡
50. 打电话的人
51. 小戴站在北极点
52. 因为小明这次考试的成绩是零分
53. 吹牛的人
54. 把自行车放在火车上面
55. 其中一头是犀牛
56. 银河
57. 月亮从来就不会发光
58. 养着不杀
59. 说悄悄话
60. 他的字典是法文的
61. 平平没有作弊
62. 橡皮擦
63. 河流
64. 画家
65. 还剩下一个洞
66. 一前一后
67. 芭蕾舞演员

68. 接下去是 1、3、1、4，这是挂钟打点的次数

69. 因为今天没有鱼吃

70. 英语

71. 纸币

72. 面壁思过

73. 保龄球

74. 眼球

75. 眼睫毛

76. 信

77. 过年，只有一天

78. 碘酒

79. 心比天高

80. 手，脚

81. 冤家路窄

82. 瀑布

83. 惨叫声

84. 立交桥

85. 拉链

86. 马桶

87. 熊猫，你看它的黑眼圈

88. 不知道的东西

89. 方便递纸进去

90. 路人饼(丙)

91. 因为当时没有网络

92. 因为她们都是蛇(SHE)

93. 娶小老婆

94. 高兴死了

95. 他是色盲

96. 你用百元大钞买40元钱的东西，别人给你的找零

97. 没有人敢叫它起床

98. A 鸡，B 鸡蛋，C 熟鸡蛋，D 臭鸡蛋

99. 用吸管

100. 猪，因为珠(猪)算高手

101. 因为他想中分

102. 他在门外
103. 老虎说：广告说了，感冒就得吃白加黑！
104. 很简单，他们面对面地站着
105. 上夜班的人
106. 菠萝，因为波罗(菠萝)的海
107. 巴拿马
108. 百科全书(输)
109. 后果
110. 青竹蛇比较长，有三个字，其他的都是两个字
111. 石子变湿了
112. 人有好多个就是没有半个
113. 买两台电脑
114. 把软木塞塞到瓶子里
115. 不，是甜的
116. 保镖与珠宝箱一起被劫走了
117. 因为妈妈说：不要争(蒸)了
118. 二月份，因为只有 28 天
119. 拿一根长的跟它比
120. 被偷的不是自己房间
121. 是象棋中的车
122. 凶手来自首了
123. 画在自己身上
124. 黑锅
125. 在马路的另一边，三人原本就不在一个方向
126. 蜈蚣还在门口穿鞋
127. 72 小时以后还是半夜 12 点，不会出现太阳
128. 去掉"冰"字的两点水
129. 当别人欠自己钱的时候
130. 大学一年级
131. 剧本中的人物
132. 消防队着火了
133. 没人找他签名
134. 老张卖的是假发
135. 50 秒，退的时候转身再退

136. 写在五线谱上面时

137. 飞机上

138. 注意第一句话,"从"前有只鸡,那么鸡的后面当然是"从"了

139. 她在赖床

140. 上厕所的时候

141. 因为店主的意思是:一元二,十个

142. 死机

143. 不倒翁

144. 因为比赛中禁止用蛙泳,青蛙犯规被红牌罚下

145. 因为他正在游泳

146. 他不想摸黑回家

147. 晚上不要穿着白衣服出门

148. 售票员

149. 穿上防弹衣

150. 他拿去刷鞋了

151. 这里是地球吗?

152. 切生日蛋糕之前

153. 它是憋死的,因为沙漠里没有电线杆尿尿

154. 因为电线杆上贴着"此处不许小便"

155. 很多小狗在排队,没等到

156. 因为后面是两个漂亮的狗妹妹,它不好意思

157. 那是他刚出生的时候

158. 敬酒不吃吃罚酒

159. 打国际长途电话

160. 他在写班级、学号、姓名

161. 生"日"快乐!

162. 撒泡尿制成冰剑

163. 学生和家长可以多赖床半小时

164. 火葬

165. 因为星星会闪呀

166. 救火车

167. 把水改名字

168. 警察打车

169. 不相信,因为弟弟在梦中被吓死不可能告诉她这个梦,她又是怎么知道

的呢？

170. 换一位医生
171. 不停地翻跟头
172. 水退后高桥露出来而低桥一直淹着
173. 都是小强编的
174. 因为站久了脚会酸
175. 药店
176. 厕所
177. 女厕所隔壁
178. 闭嘴
179. 扯皮
180. 镶牙
181. 他们自己
182. 和别的顾客商量好都带，然后交换
183. 说明了知识就是力量！
184. "便"衣警察
185. 因为第二天，那位警察没有值班
186. 生了一堆毛毛虫
187. 因为只有两个乘客，而售票员和司机是不用买票的
188. 那是英国的幼儿园
189. 他有恐高症
190. 打一打自己的嘴巴，不要再做梦了
191. 茶壶嘴
192. 各自的家中
193. 因为企鹅的手太短了，洗澡只能洗到肚子，洗不到后背
194. 因为金鱼脑袋里灌水了
195. 船
196. 因为另外两个是女的
197. 他买了一堆，因为所有的水果放在一起就是一堆
198. 消化药
199. 张三问的是：现在几点了
200. 不会游泳的人
201. 因为不小心切到自己的手了
202. 老虎成为保护动物之后

203. 水

204. 火花

205. 脉搏

206. 扔最重的那一个

207. 是两辆并排的摩托车

208. 秃头的人

209. 鸡蛋

210. 插一翅膀给它(插翅难飞)

211. 宇宙飞船

212. 星星，因为《鲁冰花》歌中有一句："天上的星星不说话"

213. 因为月满则亏

214. 世界杯

215. 他想让大家知道秃头有多难看

216. 那个时候没有动物保护协会

217. 是来看"不停地摇头"的毛病

218. 与

219. 榨成果汁

220. 再买一根针

221. 不知道

222. 亲戚关系

223. 一秒钟足够

224. 因为他趴在历史课本上睡了一晚上

225. 电话

226. 幻想小说

227. 因为狗只会生小狗

228. 儿子虽然有音乐天分，但唱歌的声音太难听了

229. 婴儿

230. 还是狗

231. 两个

232. 将大卡车车胎的气放掉一部分使其低于2厘米即可

233. 下课

234. 小王是个婴儿

235. 自己的葬礼

236. 妈妈让爸爸"修理"小明

237. 当然是一个人两个橘子,只是最后那个人连塑料袋一起给他

238. 一只不卖

239. 做梦

240. 遗书

241. 都在呼吸

242. 水花

243. 个子太矮按不到上面的按钮

244. 国外的时候,因为外国的月亮比较圆

245. 逃兵

246. 背面

247. 差一点

248. 地球

249. 鞋

250. 空气

251. 写个"红"字

252. 写个错别字(白字就是错别字)

253. 因为他刚出家门就突然想起没带手杖转回家去取了

254. 两人都是交的白卷

255. 搭成圆周率"π"

256. 他的计算器是带语音的

257. 注意监考老师

258. 还是一群羊

259. 四个

260. 他昏过去了

261. 用筷子

262. 塞车

263. 妈妈背着他上楼

264. 妈妈

265. 那些百元大钞票拿在别人手里

266. 梅花三(因为梅花三弄)

267. 他是针灸师

268. 因为别人唱得更好

269. 绿豆蝇(赢)

270. "火"字上加一横,变成灭

271. 蚊子

272. 胡须

273. 雪人

274. 忘了锁门

275. 游泳池中没有水

276. 这本书的价钱是 5 元钱；哥哥没有钱，弟弟有 4 元 9 角

277. 太平间

278. 因为这个孩子还是个婴儿，他喝奶

279. 水涨船高，永远都淹不到

280. 在空中

281. 因为她家有三只母鸡

282. 闭上眼睛，眼不见为净

283. 地图上

284. 雨伞

285. 太阳

286. 纸飞机

287. 飞机。它飞得越高，看着越小

288. 历史

289. 后备轮

290. 迷宫

291. 变老

292. 蚂蚁吃下去的东西，或者蚂蚁的眼睛、嘴巴等

293. 5=1，因为前面已经说了 1=5

294. 前面有 10 人，后面有 10 人，说明这一队人有 11 人，所以中间有 9 个人

295. 藕。因为 chi……ou，丑！这只是个小玩笑，小朋友可以放心吃藕呦

296. 因为小立是条狗

297. 因为那一件她穿在身上了

298. 放在其中一个小朋友的头顶上

299. 朝下

300. 狗(其他站着没有坐着高的动物也可以)

301. 吃火锅的时候

302. 海关检查员

303. 因为它跑去追羊了

304. 小象

305. 那礼物是一只足球
306. 电灯泡
307. 老李是交通警察
308. 那辆车是他自己的
309. 节省一双鞋子
310. 因为他看了两次医生
311. 怕被偷
312. 因为数学只有10个数字
313. 头发
314. 吃了没有
315. 打针
316. 监狱
317. 扑克
318. 因为他的头顶被棒球击中了,长出了一个一厘米的包
319. 妈妈睡过了头
320. 万一跌倒不会一路滚下去
321. 他吃的是藕片,套牙上了
322. 衣服湿了
323. 曹操,因为说曹操曹操到
324. 仙人的手(仙人掌),会扎手
325. 三寸,因为三寸不烂之舌(蛇)
326. 新娘,因为今天是新娘,明天就是老婆
327. 另一个人把帽子挂在他枪口上了
328. 伤脑筋
329. 书山
330. 小天鹅(洗衣机)
331. 酱油
332. 中间被人抽去几页
333. 吃的是蜗牛
334. 最后还剩九根,那根没被吹灭的蜡烛烧完了
335. 蛀书虫
336. 该修理的时候
337. 发誓的时候
338. 还是一束

339. 熟的

340. 没人吃鱼

341. 人,他们飞到过月球

342. 一屁股债

343. 是"月"字

344. 长途电话

345. 发行日期

346. 菜炒好了发现忘记了做饭

347. 它和乌龟赛跑输了哭红的

348. 把竹竿放倒

349. 结婚证书

350. 做梦娶的

351. 土里

352. 别人请客

353. (1)因为下水道是圆的

(2)圆形的盖子不会突然掉进下水道,而正方形或其他多边形就有可能

(3)沉重的圆盖子可以滚到目的地,而其他形状的就不行

(4)无论怎么盖,圆形盖子都能把洞盖严实,而正方形的只有把四角都对准位置才能盖下去

354. 借光

355. 因为他画在了唐僧的腰带上,唐僧上厕所时被妖怪抓走了

356. 他做的是给汽车美容

357. 去医院

358. 黑板

359. 喜剧要是没人喜欢看,就成悲剧了

360. 做梦

361. 过马路

362. 它长成大猫了

363. 破洞

364. 红萝卜

365. 停在海滩上的船

366. 过生日时别人说祝你长生不老、永远年轻

367. 小明是监考老师

368. 前面加 S,变成 SIX(6)

369. 是企鹅

370. 能，他们可以面对面站着

371. 假牙

372. 因为小东是条狗

373. 因为当时汽车、飞机都还没有发明出来

374. 他们住对门

375. 没有了，早跑光了

376. 烤鸭

377. 大人。不论什么人长大了都会成为大人

378. 脑门

379. 他的脚

380. 去屋子里找自行车去追爸爸

381. 每个人都只有一个生日

382. 当然是唐老鸭，它只会出布，而小叮当只会出石头

383. 这次没有把针打在屁股上

384. 车上有空位

385. 他家所在的学校不是他上学的学校

386. 中国人

387. 你自己

388. 光线

389. 鱼缸内没有水

390. 眼花

391. 是在白天

392. 孔子满月

393. 上的是体育课

394. 小明出拳把小强打倒了

395. 喝酒，敬酒不吃吃罚酒

396. 和它的另一半很像

397. 滑冰的人，站在冰刀上

398. 仙人掌

399. 电池

400. 干冰

401. 阳光

402. 地球

403. 伤脑筋

404. 罪名

405. 他戴的是假牙

406. 两个半小时当然就是1个小时了

407. 做饭或者买饭

408. 他是展厅的工作人员,他写了个牌子"今日展览开放时间……"

409. 一开始肯定是0∶0啊

410. 睡觉

411. 把门推开

412. 没人听得懂中文

413. 3 的 21 次方

414. 风车

415. 雪人

416. 中间那块两面都有皮

417. 和镜子中的小华

418. 两座楼一个30层,一个3层

419. 热气球还没起飞

420. 姓"王"的人

421. 停了的表

422. 他想让水流出去

423. 人

424. 他是公共汽车司机

425. 床

426. 她想验算一遍

427. 感情

428. 狮子没在笼子里

429. 时装表演

430. 小明永远也跳不过去

431. 恶果

432. 唐僧

433. 开门

434. 头比较痛

435. 老张家里养的狗更多

436. 麦克风

437. 她在称赞朋友家的抽油烟机

438. 算错的时候

439. 乌鸦嘴

440. Nokia 和 iPhone 在街上听到有人在唱"只要人人都献出一点爱(i)"

441. 汗

442. 他把猴子屁股当红灯了

443. 壮壮是一只羊

444. 从第 6 层开始爬

445. 两个邻居互相交换了房屋

446. 记者

447. 把书倒过来

448. 他笨到去查英文字典了

449. 离出口最近的那幅。因为既然件件价值连城,就没必要选了,挑最容易抢救的吧

450. 因为它在水里

451. 我鞋底破了一个洞

452. 所有人都靠嘴巴吃饭

453. 牙医

454. 天上,因为"黄河之水天上来"

455. 猪、母狼、马蜂。连起来是猪母狼马蜂——珠穆朗玛峰!

456. 因为九个太阳被齐秦拿去写歌了

457. 将水冻成冰块

458. 空气或者睫毛

459. 另一角被泰坦尼克号撞断了

460. 米老鼠

461. 都是 10 画

462. 剪自己的手指甲

463. 为了念更多的书

464. 因为手比脚干净

465. 右手

466. 脸蛋

467. 黑鸡,黑鸡会生白蛋,白鸡不会生黑蛋

468. 抑扬顿挫(一羊蹲错)

469. 尖

470. 动物园园长

471. 冰淇淋(麒麟)

472. 袜子

473. 秋老虎

474. 还可以用来骂人

475. 因为钥匙被投到信箱里了，还是拿不到

476. 多多保"重"

477. 一样多，因为一条路从下往上走是上坡，从上往下走就是下坡

478. 除非你喝了它

479. 一个收费，一个不收费

480. 妈妈的头最疼

481. 因为是鸵鸟

482. 蚊子

483. 吃亏

484. 100(百依百顺)

485. 海豹(报)

486. 彬彬(冰冰)有礼(鲤)

487. 因为蚕会结茧(节俭)

488. 中药里的"淮山"

489. 风和日丽(蜂和日历)

490. 如履薄冰(如铝箔冰)

491. 天衣无缝(天，一无 Phone)

492. 缺一不可(book)

493. 过目不忘(过木不汪)

494. 呼风唤雨(呼"黑旋风"唤"及时雨")

495. 他正在想穿哪件衣服好看

496. 脍(筷)炙(至)人口

497. 扬(羊)眉(没)吐气

498. 投笔从戎

499. 面面俱到(盗)

500. 鬼话连篇

501. 有勇无谋(游泳无哞)

502. 无孔不入

503. 横七竖八

504. 肝胆相照(香皂)

505. 有始(屎)有终(钟)

506. 一个小时

507. 刀枪不入(Blue)

508. 阳奉阴违(羊 Phone 鹰喂)

509. 张冠李戴(脏冠里戴)

510. 实至名归(十字名龟)

511. 上天(一步登天)

512. 淘汰狼(桃太郎)

513. 我材(天生我材)

514. 129。把 6 的卡片翻过来就可以了

515. 他怕不相识的猴子迎面扑过来

516. 公鸡叫，因为太阳不会叫

517. 多一个人

518. 巧克力棒

519. 巧克力棒棒

520. 西红柿鸡蛋面

521. 鸡蛋酥(输)

522. 因为真相(像)大白

523. 槟榔(冰狼)

524. 小老虎，虎视眈眈(虎是丹丹)

525. 南国(红豆生南国)

526. 鲨(傻)鱼

527. 鲸(精)鱼

528. 金盆(金盆洗手)

529. 宝贝，因为神奇(骑)宝贝

530. 备胎

531. 医生，因为"路见不平一声(医生)吼啊"

532. 梨，因为离(梨)子烫

533. 小白，因为小白吐(兔)

534. 8 克，因为"星巴(8)克"

535. 因为录像机(鹿像鸡)

536. 40，因为事实(40)胜于雄辩(熊便)

537. 吃人啊！

538. 吃植物人呀！

539. 棋盘上

540. 姜子牙

541. 太太生了一对双胞胎

542. 四十三

543. 专买无籽西瓜吃

544. 他把四个蛋放到四个角上了

545. 象棋越下越少，围棋越下越多

546. 他们坐的是潜水艇

547. 风车

548. 他是泥瓦匠

549. 因为她丈夫懂意大利语

550. 因为小张粗心地把"勿折"写成"勿拆"了

551. 用棍子打它的头，抱着头的就是手，其他的就是脚

552. 因为这根绳子起初就是结成圆圈的

553. 是左脚

554. 三番(翻)两次

555. 买来看看为什么不好看。

556. 写勒索信。

557. 最先逃出来的是人

558. 因为没有加上人的高度，鸡蛋还没有着地

559. 跷跷板

560. 他们是用法语笑的

561. 机器猫！因为它伸手不见五指

562. 角度

563. 它是在地图上爬的

564. 骗蚂蚁

565. 一公一母

566. 六十根

567. 战友

568. 荷兰豆(河拦豆)

569. 西瓜

570. 朱古力豆(猪鼓励豆)

571. 豆沙包(豆杀包)

572. 笨蛋

573. 是兄弟关系。哥哥在年初出生，弟弟在年末出生

574. 因为这些围观者都是来打酱油的

575. 因为今天下面池子里没有水

576. 新郎官

577. 打死的是蚊子

578. 在床上

579. 因为王医生是小明的爸爸

580. 拳击运动员

581. 因为红金鱼的数量是黑金鱼的两倍

582. 还是一只，因为一只老鼠生不出小老鼠

583. 兵来将挡

584. 因为他们都住在很高的楼层里

585. 会发现脑袋很疼

586. 因为它是狗呀

587. 茶叶蛋还没有煮好

588. 第一个动作是坐下

589. 这是在玩"剪刀、石头、布"的游戏

590. 叫鸡过来

591. 口味不同

592. 班主任

593. 在需要洗衣服的时候

594. 拿钱砸

595. 快递员

596. 因为一个人造反，属于单反。单反毁一生呀！

597. 打火机怎么能剔牙齿呢？

598. 叫他小盟

599. 叫帕斯卡。在物理学中，帕斯卡=牛顿/平方米

600. 吃成大肚腩

601. 都是人

602. 一只也没吃，因为地铁上规定不准吃东西

603. 只需要做门卫

604. 他掉到河里去了

605. 看你有没有胆子

606. 公蚊子是不咬人的

607. 还是4分钟，蛋可以同时煮

608. 你可以请别人吃糖，但不可以请别人吃醋

609. 圣旨(纸)

610. 圣诞老人

611. 跳芭蕾舞

612. 将"犬"字上的一点去掉

613. 外语考试的时候

614. 只是想，不用花钱

615. 把眼睛遮住

616. 仰卧起坐

617. 因为姐姐叮叮在12月31日晚12点前出生，而妹妹在12点以后出生

618. 因为超市自己不会过来

619. 90头，因为九牛一毛

620. 关狮子的笼子里

621. 19元钱

622. 用来包蛋清和蛋黄

623. 三千万呀！下雨没伞(三)千万不要出门！

624. 年龄

625. 1最懒惰，2最勤劳，因为"一不做，二不休"

626. 罐装西红柿

627. 他爸爸是左撇子

628. 眼冒金星的时候

629. 白天

630. 他在洗澡

631. 在弹药运输车上

632. 前面已经说了，一个人去网吧

633. 眼球

634. 骡子

635. 耳光

636. 空车

637. 最终会死(每个人最终都会死)

638. 心静自然凉

639. 他们在下象棋

640. 纸，因为直升机(纸生鸡)

641. 因为两个哥哥吃的是 100 克凤梨肉，剩下的是 120 克汤水

642. 停电了

643. 戴最大号帽子的人是头最大的人，无论在任何地方，答案都一样

644. 明天的明天

645. 没砸中

646. 因为它说谎

647. 因为他想晚上看书省点电

648. 小老虎

649. 是清朝人编的《康熙字典》

650. 死掉的时候，省得吓人

651. 有拉链

652. 浴室

653. 聋子

654. 打瞌睡

655. 先关门比较好

656. 给钟表换一块电池

657. 因为他不在车上

658. 收银机

659. 找开锁的吧！

660. 因为这是一辆献血车

661. 依然是 5 只鸡

662. 猪是裁判，只有它知道

663. 应该是西！因为前几个字中分别有一、二、三、五

664. 铁饭碗

665. 是一个怀着双胞胎的孕妇

666. 他走的是高速公路

667. 棺材店

668. 妈妈是老师，小红是学生

669. 每个字两角

670. 因为热胀冷缩

671. 老张是牙科医生

672. 小明的爸爸姓"付"

673. 月球上

674. 他的公司在东边，他要去上班

675. 喜酒

676. 眼睛在前，耳朵在后

677. 因为他觉得很冷

678. 不断电的电冰箱

679. 老金，因为老金(脑筋)急转弯了

680. 海星

681. 风

682. 火花

683. 当走到桥中间时，转身往回走

684. 电报

685. 声音

686. 地球

687. 医院

688. 力气

689. 明天

690. 扇子

691. 理发

692. 跳高比赛要求单脚起跳，袋鼠双脚起跳犯规

693. 闭着眼睛

694. 胸部先触到的人获胜

695. 他在献血

696. 因为画杯粪为力量(化悲愤为力量)

697. 因为周围的黑头发看见亲人被人连根拔走，脸都吓白了

698. 电影频道(贫道)

699. 因为它会觉得你是在炫富

700. 因为小鸟是个人，而小明是只鸟

701. 丰

702. 踩到地雷

703. 独木桥

704. 做梦

705. 忘记带降落伞

706. 蛋

707. 吹牛皮

708. 吃苹果时发现里边只剩下半条虫子

709. 一个太难上，一个太难下

710. 倒立

711. 压它一下(鸦雀无声)

712. 它用一只脚捂着鼻子呢

713. 能及时知道下雨了

714. 因为小明长大了，不是小朋友了

715. 机器猫，因为它总是向人伸出圆手(援手)

716. 老师问："大勇今天是你值日，对吗？"

717. 明星

718. 火腿肠(长)

719. 大象不肯上船

720. 破了个大窟窿的小灯笼

721. 地球

722. 绳子的另一头没有拴在树上

723. 整容师把他整容成了另一个通缉犯的样子

724. 不要跑在狗的前面

725. 小猫跑远了

726. 规定他们以后站着吃

727. 加个点，成为"0.1"

728. 能，只要他用手撑着倒立就可以了

729. 观众在拍蚊子

730. 窟窿

731. 袜口本身就有一个洞

732. 因为他没病，不需要吃药

733. 毒手

734. 变魔术

735. 把大树放倒

736. 因为他专门模仿别人的动作和声音

737. 是将军的头盔

738. 案件

739. 因为他落到了海上

740. 5个，还有一个是司机

741. 因为是从正月初一到正月初三

742. 还是 4 厘米

743. 每个袋子里装两个苹果，最后将 4 个袋子全装进第 5 个袋子中

744. 两个字

745. 打点滴的人

746. 用卫生纸比较好

747. 他走私军火，卖的是火药

748. 老人家

749. 鸽子

750. 迈第二步

751. 黑板刷

752. 因为放下屠刀，立地成佛

753. 10 只，3 只断气倒地 7 只活着

754. 逃跑的犯人名字叫"全都"

755. 先有男人，因为男人是先生的，所以叫先生

756. 厕所

757. 老大(老大无成)

758. 先有国(国家，国在前面，家在后面)

759. 麋鹿(迷路)

760. 宁波……因为您拨(宁波)的用户正在通话中

761. 通化……因为您拨的用户正在通话(通化)

762. 枪林弹雨

763. 缅甸人

764. 他每天都是凌晨回家

765. 当然是化学了(因为他很容易化掉)

766. 因为他卖的是被子

767. 你楼上的邻居

768. 芭蕉，因为老实巴交

769. 手，因为船员都是水手

770. 他失明了

771. 杀手说：有人花钱让我取你的狗命！

772. 周公！他会解闷(梦)！

773. 在药店发生火灾时，必须先救人，不能先救药

774. 因为他怕别人说他夸海口

775. 酒，会变成酒鬼

776. 用两个枕头

777. 因为这个门是用拉的!

778. 铁轨(铁鬼)

779. 是三胞胎中的两个

780. 因为足智(痣)多谋

781. 不能说的秘密(幂幂)

782. 车是如果的,因为前面说了:如果有辆车

783. 因为小李遇到的是一个胆小鬼

784. 相对论

785. "孬"字

786. 明天

787. 很简单,中间加上顿号

788. 薪水

789. 因为前门进不去

790. 缩两只脚就会摔倒

791. 金太太在吃甘蔗的时候吞吞吐吐

792. 南来是往北,北往也是往北,同时过桥就是

793. 蜈蚣(因为无功不受禄)

794. 眼中钉

795. 罗马。因为"条条大路通罗马"

796. "平"字

797. O、D、C

798. 医学书

799. 大连

800. 拖鞋

801. 卖国贼

802. 柬埔寨

803. 绑票

804. 牙床

805. 发令枪

806. 看不了电视节目,但可以看着电视

807. 小狗,因为旺旺仙贝(先背)……

808. 喵……

809. 棉签,因为头被包扎起来了

810. 惊弓知鸟(惊弓之鸟)

811. 因为他妈妈的名字叫春天

812. 1亿，因为一心一意嘛！

813. 萧，因为削(萧)铅笔。

814. 聪明绝顶

815. 一个，因为再吃的时候就不是空着肚子了

816. 因为树不会跳

817. 不高兴，下午还有半天课

818. 因为里面是咖啡粉，没有加水

819. 小花是一条狗

820. 在字典里。x在z前面。

821. 再去一次

822. 借过

823. 因为是晚上

824. 两只鸡

825. 老马识途(老马市图)

826. 不可思议(book11)

827. 今天是他过8岁生日

828. 球门

829. 米线

830. 姓善，因为人之初，性本善

831. 中国人，因为中国人多

832. 没有去参加过比赛

833. 握手

834. 心花，心花怒放

835. 他上的是警车

836. 星期天，可换成星期日

837. 晕过去

838. 他在倒车

839. 因为下雨了

840. 锅里

841. 小飞侠。因为肥(飞)啊、肥啊小飞侠

842. 举重比赛的裁判员

843. 不(布)怕一万，只(纸)怕万一

844. 因为他们不熟

845. 他是划酒拳的高手

846. 他在开火车

847. 因为那是电路

848. 废品

849. 小白兔(TWO)

850. 卖鞋的人

851. 他在打出租车

852. 贵州

853. 因为如果你伤风了，就会感冒

854. 杨梅，因为扬眉吐气(杨梅土气)

855. 因为他老婆总是会说：我一想到你就来气！

856. 因为这是个噩耗(饿耗)

857. 因为醉汉喝多了会闹事儿，而胖子吃少了会闹事儿

858. 小偷

859. 他卖的是旧报纸

860. 《常回家看看》

861. 因为时间可以冲淡一切

862. 坐飞机

863. 冰柜，因为兵贵神速

864. 因为古人有言：要跳数女，君子好球(窈窕淑女，君子好逑)

865. 当然是白猫了。因为黑猫紧张(警长)

866. 孤单的时候，因为当你孤单你会想起谁(想汽水)

867. 闭门羹

868. 因为满分是一百分

869. 因为不动的比较好打

870. 那本书是鬼故事

871. 刷卡

872. 呼吸保持顺畅

873. 象皮(橡皮擦)

874. 脚踩在钉子上，钉子先穿过鞋再穿过袜子

875. 捡起来

876. 打开皮包就可以拿到了

877. 数据库

878. 孔雀，孔雀会开屏(开瓶)

879. 蛇，因为七嘴八舌(七嘴巴蛇)

880. 45 分钟

881. 坟

882. 多谢

883. 桌子、椅子

884. 胶卷

885. 因为出神入化(粗绳入画)

886. 金钟奖(精忠报国)

887. 田鸡

888. 乌龟

889. 钥匙

890. 陷阱

891. 雪花、浪花、礼花

892. 送煤气罐的工人

893. 气功师

894. 药草

895. 蛋

896. 小张这场比赛没参加

897. 年龄

898. 电视机

899. 抢救无效

900. 窗户

901. 因为他们打的人叫"麻将"

902. Long time no see(c)

903. 亚当和夏娃打架的时候

904. 结果猪妈妈迷路了

905. 当然是乌龟啦，前面说的是一只跑得很快的乌龟，跑得很快噢！

906. 你会认为这次该是兔子了吧，错！那只乌龟把墨镜一摘，耶！又是刚才那只跑得很快的乌龟！

907. 游泳

908. 买统一方便面的时候

909. 因为这个捕蚊灯没有通电

910. 因为羊圈里没有羊！

911. 马路上的安全岛
912. 晚上要睡觉，没时间玩
913. 字典里
914. 感冒
915. 上楼乘电梯，下楼走楼梯
916. 他按的电视开关
917. 拿主意
918. 米的妈妈是花，因为花生米
919. 米的爸爸是蝶，因为蝶恋花
920. 米的外公是爆米花。因为抱过米也抱过花
921. 麻将
922. 出手"不凡"
923. 它的右耳朵
924. 换一辆车
925. 胎儿
926. 生菜
927. 因为是新铺的水泥地面，还没有干
928. 因为他们是监考老师
929. 从膝盖到脚的长度
930. 卫生球
931. 因为天平是坏的
932. 喂草
933. 6个
934. 因为咖啡能提神
935. 因为自行车是非机动车(非激动车)
936. 因为是瞎猫
937. 他的枪筒长99米
938. 车子抛锚了，司机正在后面推车
939. 他家养了鸭子
940. 因为它的老婆很多，却没有丈母娘
941. 因为闻到烤肉的味道却不能吃
942. 火葬场的
943. 因为阿美总是强人所难
944. 怕有人伤心

945. 半夜一个人走在墓地的时候

946. 活着

947. 那是只假老虎

948. 冰块

949. 剪刀，玩石头剪刀布的时候

950. 那是遥控车比赛

951. 大便

952. 他正在瞄准

953. 理发师

954. 厨师

955. 木鱼

956. 没有，吃苦头的是法国人

957. 小李是老师

958. 微笑(smiles)，因为两个字母 s 隔了 1 英里(mile)

959. 都是妈妈生的

960. 不修边幅(不休蝙蝠)

961. 女人

962. 打死了保护动物——老虎

963. 水

964. 赵云(常山赵子龙浑身是胆)

965. 去精神病院

966. 刚好没赶上的汽车

967. 本周星期四在下周星期三的前面

968. 怕越洗越肥

969. 屋里的地面当然是干的

970. 因为他只会数一数二(从 1 数到 2)

971. 他想：还好自己没有坐在上面，要不然连自己也丢了

972. 两个石榴

973. "1"字

974. 一样水平，冰化了、西瓜滚了

975. 还有 9 本，因为损坏的和借出去的都还是小明的书

976. 没有彩色照片

977. 照相的时候伸出舌头

978. 人山人海

979. 门槛

980. 黑色，因为"呜咦呀嘿(蚂蚁牙黑)"

981. 六神，因为六神无主

982. 漂亮

983. 因为它"脚滑"(狡猾)

984. 因为她是空姐

985. 在手术台上时

986. 沉默

987. 一枚不是一角钱，那另一枚是一角钱，因此是一角钱和五角钱

988. 公鸡是不会生蛋的

989. 他是说的时间，10点加4点等于两点钟

990. 他越过北极点再向前走就是南方

991. 因为地球也需要洗澡

992. 因为他觉得金鱼还没有把水喝完

993. 因为他每次一拿到好牌，全场都可以听到马达高速运转的声音

994. 理发师

995. 拔河

996. 因为杀人犯等两个星期审判完毕就拉去枪毙了

997. 因为那个警察是女的

998. 踏上另一只脚

999. 棺材

1000. 她坐飞机路过

1001. 大门正在检修，请走侧门

1002. 风车的轮子

1003. 1、1、2、7，其中有一对双胞胎

1004. 行人

1005. 考场，伸长脖子看别人答案的人通常被叫作长颈鹿

1006. 因为当时火车还没开动

1007. 打开本子

1008. 降落伞

1009. 大象的影子

1010. C　D

1011. 你并不是第一名，而是第二名。你只是取代了第二名的位置

1012. 你见过猫戴眼镜吗

1013. 灰姑娘

1014. 脚

1015. 用照相机

1016. 他是个中医

1017. 记得起床

1018. 他是跳水运动员

1019. 两个面，一个外面，一个里面

1020. 因为是遥控飞机

1021. 他是照相的

1022. 射击

1023. 因为两只眼睛都闭上就看不见靶心

1024. 衣架

1025. 因为客人来卖车

1026. 小陈是银行的运钞员

1027. 吃亏，因为吃一堑，长一智

1028. 他把创可贴贴在镜子上了

1029. 谎话不要重复说两次

1030. 老外不懂英语

1031. 因为小光连名字都抄小明的

1032. 猪肉店门口挂猪头，狗肉店门口挂羊头

1033. 比赛成绩的鸭蛋

1034. 为了给爸爸省钱

1035. 冠军

1036. 奶牛

1037. 玉米

1038. 邮票

1039. 纸上写着：不要念出

1040. 蛋当然是朝下落了

1041. 公安机关

1042. 菜谱

1043. 第一次不要感冒

1044. 热狗

1045. 书上的

1046. 秀才遇到兵，"有理"说不清

1047. 他们分别在河的两边

1048. 影子

1049. 他一想到要挖那么大一个坑，就伤心

1050. 你一定会被老师修理

1051. 那不是一棵苹果树

1052. 他向他爸爸要钱，而且一分钱也买不到什么玩具

1053. 没有下雨

1054. 走路

1055. 第二天不是考英语

1056. 炒鱿鱼

1057. 小波比是个木偶

1058. 先打开冰箱

1059. 因为当时不急着用钱

1060. 看见猫的老鼠

1061. 恐高症

1062. 日历

1063. 照片

1064. 他的窗户开在西边

1065. 乌龟是只忍者神龟

1066. 他的命

1067. 小明考了5门，小张考了6门

1068. 买正品的球

1069. 两个，里边和外边

1070. 一大杯水加进一斤面粉中，只会等于一块面团

1071. 还是老虎

1072. 医院里

1073. X光片

1074. 马旁边的那个是骡子，骡子旁边的那个是马

1075. 雾

1076. 这还不简单！马上停止想象

1077. 每排数字的音调相同，第一行为一声，第二行为四声，第三行为三声

1078. 他是倒着走的

1079. 在梦里

1080. 手套

1081. 把床腿锯掉

1082. 一点缝隙都没有的屋子里当然也没有光线，所以什么也看不见

1083. 让人们少说废话

1084. 卡车司机当时没有开车

1085. 不怕晒黑

1086. 患有严重健忘的人

1087. 大强戴的是假发

1088. 味道

1089. 老死

1090. 因为老婆不会只拿走一半的钱

1091. 他写上"查无此人"放到邮箱

1092. 酒精

1093. 熊猫，你看它眼圈都熬黑了

1094. 臭虫

1095. 小燕站在天桥上

1096. 理发师

1097. 说中国话

1098. 一种是宠物，一种是食物

1099. 围追堵截

1100. 谜语

1101. 没有人敢去劝架

1102. 南极和北极

1103. 那是一个稻草人

1104. 他在等秘书替他写

1105. 人造卫星

1106. 床上

1107. 反穿裤子

1108. 因为这列火车是从长春到其他地方的

1109. 遇到另外一个人，因为"人吓人，吓死人"

1110. 他挂在了树上

1111. 他站在镜子前面

1112. 上帝

1113. 将瓶子打碎

1114. 因为小明手里只有牛刀

1115. 因为她看到镜子中的自己

1116. 一个也问不成，因为他已经问完两个问题了

1117. 眼皮

1118. 另一个盘子放两个

1119. 地球

1120. 吵死人

1121. 心眼

1122. 你睡着了吗？

1123. 另外一只脚站在地上

1124. 她会写阿拉伯数字

1125. 外国人到中国

1126. 铁饼

1127. 血液

1128. 玩具车

1129. 打破纪录

1130. 其中一本送人

1131. 一点(犬子与太子)

1132. 10，横着从中间分

1133. 别人身上

1134. 瞌睡

1135. 准备开饭

1136. 空气和光

1137. 时光

1138. 别人身上

1139. 谜底

1140. 他是在替别人刮脸

1141. 一样重

1142. 产房

1143. 蝙蝠侠把内裤穿在里面，超人把内裤穿在外面

1144. 因为她坐不下去

1145. 棋盘上

1146. 女厕所

1147. 因为小明还在念小学

1148. 因为那是粪坑

1149. 他以前是亿万富翁

1150. 冷板凳

1151. 吹牛

1152. 心律不齐的人

1153. 雨伞和雨衣

1154. 他孙子是那个播音员

1155. 一匹害羞脸红的斑马

1156. 做梦

1157. 废话

1158. 碰碰车

1159. 水面

1160. 假装睡着的人

1161. 他丢掉了坏习惯

1162. 开夜车

1163. 一个人在骑马

1164. 午餐和晚餐

1165. 水龙头里

1166. 儿子在偷笑

1167. 他不小心压在自己的假牙上了

1168. 因为一只壁虎在打瞌睡，另两只壁虎拍手叫好，也掉下来了

1169. 声音太大，它用翅膀捂住耳朵，所以掉下来了

1170. 因为穿着鞋子

1171. 鸽子自己的

1172. 篮筐

1173. 先点火柴

1174. 人

1175. 站在赤道上不动

1176. 腿长了，生下的蛋会被摔破

1177. 饿死

1178. 他在吹电扇，电扇没有吹他

1179. 指针已转过一圈了

1180. 黑螃蟹，因为红螃蟹是煮熟了的

1181. 这是一只可怜的瞎猫碰到一只死耗子

1182. 山羊无论公母都长胡子

1183. 长在别人脸上

1184. 在高速行驶的火车上扫

1185. 因为猪不会急转弯

1186. 因为他觉得墨水也不贵啊！

1187. 猫抓老鼠

1188. 因为"木"字旁边还有个"不"啊，意思就是不是木头做的

1189. 因为交警乱扔东西，被环保工人小明罚款

1190. 被罚钱

1191. 把头发剃光

1192. 自作聪明

1193. A车道有很长一段坡路，使总距离变长了

1194. 开电梯的

1195. 狗在树的另一端，骨头在这一端时，它们相距8米

1196. 这个东西是水

1197. 画家

1198. 因为是在下象棋

1199. 放假，没人上班

1200. 怕什么，他不是还有一只左手吗

1201. 扫帚

1202. 兽医院

1203. 睁眼

1204. 细菌的儿子

1205. 因为菩萨看不懂英文，这个忙帮不上

1206. 是真的，他见到的是QQ图标上的企鹅

1207. 有水

1208. 当然会玩得很开心啦

1209. 在"今"字前面加上两点，下面加一点，变成"冷"天

1210. 整天为了点儿吃喝担惊受怕的，能不老吗？

1211. 你就是船主，年龄还需要算吗？

1212. 划拳喝酒

1213. 他骑的是室内健身车

1214. 改天再告诉你

1215. 因为数羊数着数着就睡着了

1216. 因为这里是花果山

1217. 因为现在说废话的人越来越多了

1218. 他自己

1219. 是数字

1220. 合订本

1221. 21个。因为ET是坐着UFO走的

1222. 用力

1223. 她嫁给了青蛙王子

1224. 吃官司

1225. 一共有8名学生

1226. 闭着眼睛睡觉

1227. 嫦娥

1228. 当然活到死的时候

1229. 打电话让妈妈寄钱

1230. 这不是拿乞丐的钱养活家人吗？

1231. 小明

1232. 因为小强打着伞

1233. 新兵的屁股上有鞋印

1234. 这座桥的名字叫"不准过桥"

1235. 他们交换了自行车

1236. 因为热水都变成冷水了

1237. 用量角器量一下

1238. 扭头看别人卷子时转不回来

1239. 把牌翻开看一下

1240. 牢房

1241. 体重。一只脚站上去是120斤，两只脚站上去还是120斤

1242. 没关系，进了电影院电影票就没有用了

1243. 假牙

1244. 钱包

1245. 养一只会抓鱼的熊

1246. 害怕"汁"字里的那个十字架

1247. 失眠

1248. 它们都只会出剪刀

1249. 弯着脖子吃哪里有直着脖子吃舒服

1250. 打开瓶盖发现，瓶盖上写着"再来一瓶"

1251. 3步，打开冰箱门，把大象放进去，把冰箱门关上

1252. 4步，打开冰箱门，把大象拿出来，把长颈鹿放进去，把冰箱门关上

1253. 长颈鹿没来，因为它被关冰箱里了

1254. 因为鳄鱼去开动物大会了

1255. 姓名

1256. 翻译人员

1257. 梅花(没花)

1258. 野梅花(也没花)

1259. 草莓(草没)

1260. 杨梅(羊没)

1261. 桃(逃)

1262. 因为老王是小明的妈妈

1263. 蚂蚁想把大象绊倒

1264. 昨晚它刚好活满一万年

1265. 萝卜青菜，各有索(所)爱

1266. 因为从来没还过

1267. 忠告

1268. 一个，因为只有小明才是外星人

1269. 考试交了试卷以后

1270. 因为上尉入伍前是个摆水果摊的

1271. 红颜薄命

1272. 因为他变心了

1273. 飞机停在地上

1274. 老师不是说"一心不能二用"吗

1275. 将不可能的"不"字去掉

1276. 不会停，它会一直沉下去

1277. 数字6

1278. 小张开灵车

1279. 它们是手指头

1280. 气球

1281. 因为一只碗是铁的，一只碗是瓷的

1282. 找气受

1283. 12个，每个月都有

1284. 胖人被晒的面积比较大

1285. 放假

1286. 打瞌睡

1287. 无价之宝

1288. 因为走的话太慢了

1289. 停电的电风扇

1290. 胆，因为胆大包天

1291. 因为她是一个古董收藏家

1292. 他在淋雨

1293. 下一双

1294. 列队的教官

1295. 每张的号码不一样

1296. 从镜子里

1297. 今天停电

1298. 赤道

1299. 因为一拍即合

1300. 时钟什么时候都不会走，它的指针才会走

1301. 小亮睡着了

1302. 大勇忘了数上他自己

1303. 因为他撑了一把伞

1304. 因为打电话当然比写信方便

1305. 他总想露一手

1306. 老王是个守财奴

1307. 是茉莉花，因为"好一朵美丽的茉莉花"

1308. 报纸

1309. 口水

1310. 时间

1311. 掉到室内

1312. 没有盖好盖子

1313. 在中国象棋中

1314. 老天爷

1315. 一个容易记住，一个容易忘

1316. 天鹅死了

1317. 太监

1318. 她是监考老师

1319. 眼皮(一闭上什么都看不见了)

1320. 亚历山(因为亚历山大)

1321. 苦海(因为苦海无边)

1322. 宰相(因为宰相肚里能撑船)

1323. 会被偷走

1324. 没关系,我还有

1325. 当然要过,每个国家的人都要过十月一日那一天

1326. 虾(瞎)

1327. 对虾(对瞎)

1328. 龙虾(聋瞎)

1329. 壁虎

1330. 有备而来(有 bear 来)

1331. 刚出生的婴儿还没有长牙齿

1332. 脾气

1333. 铁锤当然不会破

1334. 因为它是骑自行车去的!

1335. 看见它的自行车停在了楼下

1336. 因为明明不爱喝可乐,他另外带了一瓶矿泉水

1337. 因为那是块冻豆腐

1338. 他可以走进屋后再也不出去,这已经骗了那个人

1339. 敢,沾点儿水怕什么

1340. 小偷可以从入口逃走呀

1341. 那是他自己的家

1342. 只要一开窗子就能知道今天刮什么风

1343. 因为他是爸爸

1344. 稀饭贵,因为物以稀为贵

1345. 温度计

1346. 安哥拉兔的身上

1347. 名字

1348. 没关系

1349. 这是祖孙三人

1350. 螺帽

1351. 她说:"我妈妈迷路了,赶快帮我找回来。"

1352. 当然是死人了

1353. 化妆的时候

1354. 因为它只吃瘦肉

1355. 因为太极生两姨(两仪)

1356. 这辆车在另外一辆开着的车上

1357. 因为它们是叶子，迟早会黄的

1358. 因为他老了，走不动了

1359. 导火线

1360. 知道意思，但不会解释

1361. 变成蛾之后

1362. 就是被人踩了一脚，"人"字还在，拖没了

1363. 因祸得福

1364. 既生瑜，何生亮嘛！周瑜的妈妈姓"纪"

1365. 既生瑜，何生亮嘛！诸葛亮的妈妈姓"何"

1366. 绝代佳人

1367. 蔬菜

1368. 没有人来喝喜酒

1369. 寄生在人身体上的寄生虫

1370. 地球的影子，即每天的晚上

1371. 错

1372. 是"法律"的"法"

1373. 债

1374. 它高兴

1375. 肉跟你装熟

1376. 那是一只怀了小羊的母羊

1377. 因为是麦当劳的招牌

1378. 病

1379. "马"有失蹄时

1380. 因为鲁智深是替人"出气"的

1381. 因为冬季日短夜长，曹操怕"夜长梦多"

1382. 成了"木子士口"

1383. 老张是中学老师

1384. 视死如归

1385. 赌气

1386. 做了坏事的人

1387. 活人是不能埋葬的
1388. 当然是由他的爸爸妈妈养大的
1389. 直接说买剪刀。盲人是会说话的呀
1390. 如使用镜子反射，便可出现这种情况
1391. 他住地下室
1392. 是鸡毛掸子
1393. 因为小张正在穿鞋子，准备回家
1394. 小东是竖着将蚯蚓切开的
1395. 妻子生了三次，每次都是双胞胎
1396. 因为那包面保质期到今天
1397. 是我母亲
1398. 因为遇到了日全食
1399. 4 个
1400. 去过。人类登月，对于月亮来说，人类就是外星人。

参 考 文 献

[1]黄青翔. 脑筋急转弯大全[M]. 北京：中国华侨出版社，2011.
[2]缪丽. 脑筋急转弯大全集[M]. 北京：中国水利水电出版社，2011.